SALAT
SENSATIONEN

PETER GORDON

SALAT
SENSATIONEN

FOTOGRAFIE: LISA LINDER

AUS DEM ENGLISCHEN VON
SUSANNE KAMMERER

KNESEBECK

Für Al (und mein London Fields)

Titel der Originalausgabe: *Savour. Salads for all Seasons*
Erschienen bei Jacqui Small LLP, ein Unternehmen von
Aurum Press Ltd, eine Tochtergesellschaft von Quarto
Publishing Plc, 74-77 White Lion Street, London,
N1 9PF, 2016
Text © Peter Gordon 2016
Fotografie, Design und Layout © Jacqui Small 2016

Deutsche Erstausgabe
Copyright © 2017 von dem Knesebeck GmbH & Co.
Verlag KG, München
Ein Unternehmen der La Martinière Groupe

Umschlaggestaltung: Leonore Höfer, Knesebeck Verlag
Satz: satz & repro Grieb, München
Übersetzung: Susanne Kammerer, Edingen-Neckarhausen
Lektorat: Dr. Gabriele Kalmbach, Reutlingen
Printed in China

ISBN 978-3-86873-970-1

www.knesebeck-verlag.de

Inhalt

EINFÜHRUNG   6

1   EINFACHE SALATE   22

2   SALATE MIT GEMÜSE   44

3   SALATE MIT GEMÜSE UND KÖRNERN   72

4   SALATE MIT GEMÜSE UND KÄSE   110

5   SALATE MIT FISCH UND SCHALENTIEREN   150

6   SALATE MIT GEFLÜGEL   198

7   SALATE MIT FLEISCH   220

8   DRESSINGS   254

Einführung

Noch nie waren Salate so abwechslungsreich und so aufregend wie heute! Die Vorstellung, einen Salat als Hauptgericht zu wählen – nicht nur als Vorspeise oder als Beilage und ganz unabhängig von der Jahreszeit –, scheint aktuell längst nicht mehr so abwegig zu sein wie noch vor zehn Jahren. Wir schätzen Salate mittlerweile nicht mehr nur im Sommer, sondern das ganze Jahr über. Überall auf der Welt und in meinen Restaurants beobachte ich, wie sich das Essverhalten verändert: Sich eine Portion oder kleine Gerichte zu teilen, ist zum Normalfall geworden, genau wie ein großer Gemüseanteil auf dem Teller. Worauf wir bei unserer Ernährung anscheinend alle Wert legen, sind gesunde Nahrungsmittel – seien es mehr Körner und Gemüse, weniger Gluten und Milchprodukte, weniger tierisches Eiweiß, Fisch aus nachhaltiger Fischerei oder Fleisch von Tieren, die unter einwandfreien Aufzuchtbedingungen aufwachsen. All das sind Dinge, die ich sehr befürworte und die meine Art zu kochen und zu essen bestimmen, seit ich mich erinnern kann. Salate bieten eine hervorragende Möglichkeit, das alles unter einen Hut zu bringen.

Mein Wunsch war es, ein Buch über Salate zu schreiben, das Sie inspiriert und in die Lage versetzt, selbst eine aufregende Mahlzeit zusammenstellen zu können, indem Sie einfach einen Blick auf die Zutaten werfen, die sich gerade in Ihrem Vorrat oder im Kühlschrank befinden. Ich gebe zu, für manche Rezepte sind Vorbereitung und Einkauf etwas aufwendiger als für andere (wobei Artischockenherzen vorbereiten, Dicke Bohnen palen oder Hähnchen in Brühe pochieren durchaus der Mühe wert sind), doch in Zeiten, in denen viele von uns unter notorischem Zeitmangel leiden, können Sie natürlich auch zu fertigen Alternativen aus dem Laden oder dem Tiefkühler greifen.

Es gibt nichts Schöneres, als unterschiedliche Aromen, Konsistenzen und Zutaten zu einem köstlichen neuen Salat zusammenzustellen. Im Sommer könnte er – erstaunlich überzeugend – aus einer Kombination von alten Tomatensorten, Burrata und Mangodressing bestehen, im Herbst aus mit Roter Bete gebeiztem Wildlachs, den letzten Artischocken der Saison und Granatapfel und im Winter als warmer Salat aus Hähnchenleber, Haselnüssen und Pilzen. Was ich an Salaten so mag: Sie passen sich an die jeweilige Stimmung an – sie können schnell und einfach gemacht sein (siehe Einfache Salate, Seite 22–43) oder mit dem Stellenwert einer warmen Mahlzeit im Voraus geplant werden. Einige Salate in diesem Buch sollen bei Zimmertemperatur serviert werden, andere wiederum warm, während ein Großteil auf beide Arten serviert werden kann, sodass sie nicht ausschließlich als Winter- oder Sommersalate betrachtet werden müssen.

EMMENTAL

INSTANT LIGHTING CHARCOAL
2 PACK
BIG K
Real Lumpwood
BARBECUE CHARCOAL

Die Elemente eines Salats

Was definiert einen Salat? Handelt es sich lediglich um ein paar Zutaten, die in einer Schüssel mit Dressing gemischt werden, oder ist es komplexer? In meinen Augen besteht ein Salat aus mehreren Zutaten, die individuell zubereitet werden (im Gegensatz zum gemeinsamen Garen wie beim Eintopf) und sich harmonisch ergänzen, entweder durch ihre sehr ähnliche oder ganz unterschiedliche Konsistenz und Farbe wie beispielsweise knusprig als Kontrast zu cremig. Manche Salate kommen als elegant angerichtetes Arrangement daher, während andere bunt durcheinandergemischt serviert werden.

Um Harmonie zu schaffen, ist es manchmal nötig, eine Art Gegensatz zu erzeugen. Bringt man einen kontrastierenden Geschmack oder eine andersartige Konsistenz ins Spiel, wirkt sich das häufig positiv auf andere Zutaten im selben Gericht aus. In den Rezepten in diesem Buch werden Sie zum Beispiel entdecken, welche Geschmacksexplosionen süße geschmorte Trauben neben intensiver Zitrussäure oder feurige Chilis neben süßer Mango hervorrufen.

Die Zutaten auswählen

Da es sich bei Salaten um ein Zusammenspiel von Zutaten handelt, ist es unerlässlich, dass die einzelnen Bestandteile von bester Qualität sind — da sie oft nur geringfügig weiterverarbeitet werden, ist das womöglich noch wichtiger als bei gekochten Gerichten. Ist auch nur eine der Zutaten nicht perfekt, ruiniert dies schnell das ganze Gericht.

Salatblätter sollten knackig und fest sein — bitte keine welken Blätter verwenden. Allerdings können ein kurzes Bad in kaltem Wasser, ein Trockenvorgang mit oder ohne Salatschleuder und 30 Minuten in einem Gefrierbeutel im Kühlschrank bei Grünzeug und Kräutern Wunder wirken.

Wählen Sie Obst und Gemüse, das gerade Saison hat, frisch, reif und unversehrt ist. Erwarten Sie von einer Tomate mitten im Winter nicht, dass sie genauso schmeckt wie die aus dem Sommerurlaub.

Fisch sollte aus nachhaltiger Fischerei stammen und nicht von Überfischung bedroht sein (was natürlich davon abhängt, in welchem Teil der Welt Sie leben). Verwenden Sie Zuchtfisch, und achten Sie darauf, dass es sich um Fisch aus zertifizierter Zucht handelt.

Bei Geflügel und anderem Fleisch sollten Sie die beste Qualität kaufen, die Sie sich leisten können. Was hoffentlich bedeutet, dass das Fleisch unter tierfreundlichen Bedingungen produziert wurde. Bei Kalbfleisch sollte es sich um bereits rosa gefärbtes Fleisch handeln; vermeiden Sie weißes Kalbfleisch aus Boxenhaltung, eine wirklich furchtbare Art, Jungbullen aufzuziehen. Hühner und Eier sollten idealerweise aus biologischer Aufzucht und Produktion stammen oder zumindest aus ordentlicher Freilandhaltung (beachten Sie bitte, dass in verschiedenen Ländern erstaunlich kontroverse Auffassungen davon herrschen, was »Freiland« bedeutet) und definitiv nicht aus Käfighaltung.

Ein Hinweis zu den Mengen

Die Mengenangaben habe ich ganz entspannt gehandhabt. Bei der Frage, wie viel Rucola man für vier Personen benötigt, kam ich zum Entschluss, dass ein oder zwei Handvoll eine einfachere und realistischere Angabe sind als 100 Gramm oder zwei Bund (da die Größe eines Bunds davon abhängt, wo Sie es kaufen). Letztendlich überlasse ich es Ihnen, wie viel Sie zu Tisch bringen möchten — etwas mehr oder weniger wird ein Gericht ganz sicher nicht ruinieren.

Salz und Gewürze

In meiner Küche verwende ich eine ziemlich große Auswahl an Salzsorten: dänisches, britisches und neuseeländisches Meersalz, geräuchertes Salz aus diversen Ländern, rosa Murray-River-Salz aus Australien und schwarzes indisches Salz mit Schwefelnote — und ich nutze gern die ganze Palette zum Experimentieren. Zum Gemüsegaren nehme ich das preiswerte feine Salz. Doch für alle Rezepte in diesem Buch verwende ich — falls nicht anders angegeben — Meersalzflocken. Nicht zu vergessen, dass Misopaste, Sojasauce und Fischsauce ebenfalls Salz ins Spiel bringen, wobei sie Salatdressings (und daher den gesamten Salat) aufgrund ihrer üblicherweise braunen Farbe dunkel färben. Außerdem besitzen sie einen typischen Eigengeschmack, was sich je nach Gericht positiv oder negativ auswirken kann.

Chilis gehören zwar nicht unbedingt zu den Alltagsgewürzen (es sei denn, Sie kochen wie ich), sie entfalten ihr Potenzial jedoch in Kombination mit allen möglichen Nahrungsmitteln. Als allgemeine Regel gilt: Eine kleine runzlige Chilischote ist sehr viel schärfer als eine mittelgroße glatte. Die Schärfe konzentriert sich hauptsächlich in den Scheidewänden, die die Verbindung von Samen und Schote bilden. Falls Sie nicht sicher sind, wie scharf eine Chili ist, gehen Sie am besten so vor: Den grünen Stiel entfernen, die Chili längs halbieren, mithilfe eines Teelöffels die Samen samt den Scheidewänden herausschaben (dazu den Löffel in Längsrichtung führen). Das Fruchtfleisch — meist in klein gehackter Form — zum Gericht geben und probieren. Falls es mehr Schärfe vertragen könnte, eine kleine Menge gehackte Samen und Scheidewände untermischen — wenn Sie dabei vorsichtig vorgehen, kann nichts passieren. Es ist übrigens ratsam, bei der Chiliverarbeitung Haushaltshandschuhe zu tragen, da sich die Schärfe auf die Haut überträgt. Falls nicht anders angegeben, die Samen mitverwenden. Ich gehe davon aus, dass Sie mittelscharfe Chilis verwenden und die Schärfe einfach nach Bedarf über die zugegebene Menge regulieren.

Kokosfruchtfleisch auslösen

Kokos zählt zu meinen Lieblingsaromen, ob als cremige Kokosmilch, frisch geraspelt oder in gerösteter Form. Getrocknete Kokosraspel gibt es zu kaufen, falls Sie jedoch ein bisschen Abenteuerlust verspüren sollten, empfehle ich Ihnen, es einmal mit eigenhändig geraspelter frischer Kokosnuss zu versuchen — kein Vergleich! Nicht ganz einfach ist es, das Fruchtfleisch von der Schale zu trennen, aber durchaus machbar. Wählen Sie eine Kokosnuss aus, die sich für ihre Größe schwer anfühlt; erscheint sie Ihnen leicht, ist das Fruchtfleisch möglicherweise ausgetrocknet und nicht mehr frisch. In den meisten Ländern (außer in Asien) kommen Kokosnüsse mit harter brauner Schale und haariger oder, falls die haarigen Fasern entfernt wurden, glatter Außenseite in den Handel. Die Kokosnuss fest in eine Hand nehmen oder auf die mit einem Geschirrtuch geschützte Arbeitsfläche legen und kräftig mit einem Stößel, einem Hammer oder der Rückseite eines Hackmessers in die Mitte der Kokosnuss schlagen (stellen Sie sich die Mitte wie beim Äquator auf einem Globus vor), dabei die Kokosnuss nach jedem Schlag ein bisschen weiterdrehen. Nach ein oder zwei kompletten Umdrehungen sollte sie mit einem charakteristischen Laut aufbrechen. Dadurch wird die Flüssigkeit im Inneren herauströpfeln oder herausschießen, je nachdem, wie hart der Schlag war. Sie können diese Flüssigkeit filtern und trinken, solange sie angenehm riecht. (Es kam schon vor, dass ich Kokosnüsse geöffnet habe, bei denen das Fruchtfleisch bereits zu faulen begonnen hatte — das riecht dann intensiv seifig — und ich sie wegwerfen musste, was ziemlich frustrierend ist.) Das Fruchtfleisch sollte weiß und fest sein und keinerlei Spuren von Fäulnis oder Verfärbung aufweisen. Sobald die Kokosnuss aufgeplatzt ist, sollten Sie die beiden Hälften auseinanderbrechen — dazu eignet sich ein großes, stumpfes Messer, ein Schraubenzieher oder ein Austernmesser. Das weiße Fruchtfleisch lässt sich leichter von der braunen Schale trennen, wenn man die beiden Hälften auf ein Backblech legt und im auf 170 °C vorgeheizten Ofen backt, bis das Fruchtfleisch leicht schrumpft und sich von der Schale zu lösen beginnt, was etwa 15 Minuten dauert. Mithilfe des Messers, Schraubenziehers oder Austernmessers das Fruchtfleisch vollständig aus der Schale hebeln. Das kann am Stück gelingen, normalerweise bricht es dabei jedoch auseinander. Seien Sie vorsichtig, damit Sie sich nicht schneiden: Es ist ein gewisser Kraftaufwand nötig, wobei das Messer leicht abgleiten kann. Ist das Fruchtfleisch ausgelöst, können Sie es raspeln oder mit einem Sparschäler in Streifen abschälen. Sie können es nun essen, so wie es ist, oder bei 160 °C im Ofen goldbraun rösten. Häufig wenden, damit es gleichmäßig röstet.

Mikrosalat und Sprossen aus Samen ziehen

Während meiner Kochausbildung zog ich Sprossen von Mungobohnen, Bockshornklee und Senfkresse noch zu Hause selbst. Inzwischen wird auf Wochenmärkten, in Supermärkten, Lebensmittelabteilungen großer Kaufhäuser und bei besseren Gemüsehändlern eine außergewöhnliche Vielfalt angebotet. Der schlimmste Fehler beim Ziehen von Sprossen aus Saaten oder Getreidekörnern ist Staunässe — dadurch faulen die Sprossen. Achten Sie darauf, dass sie feucht bleiben, aber nicht in Wasser ertrinken.

Schauen Sie sich im Reformhaus oder Bioladen um, hier stehen die Chancen günstig, dass Sie spezielle Anzuchtgeräte zum Keimen von Mungobohnen, Kichererbsen und Ähnlichem bekommen. Gewöhnlich handelt es sich dabei um Gefäße mit aufschraubbarem Siebdeckel. Die Samen in das Gefäß geben und über Nacht einweichen. Am nächsten Tag das Wasser abgießen und von nun an nach derselben täglichen Routine abwechselnd befeuchten und abgießen. Bald werden die Samen keimen und Sie können die nährstoffreichen Sprossen verzehren. Eine genaue Anleitung finden Sie auch auf den jeweiligen Keimgeräten.

Der Keimvorgang bei Senfkresse läuft etwas anders ab. Nach derselben Methode lassen sich auch andere Kräuterkressen keimen (wie Basilikum, Koriandergrün, Shiso, Bockshornklee, Petersilie). Eine flache Schale mit Watte oder dickem Küchenpapier auslegen und mit Wasser befeuchten. Großzügig mit Samen bestreuen (bei zu wenigen wachsen sie nicht gerade) und an einen hellen Ort stellen (direkte Sonneneinstrahlung vermeiden). Am nächsten Tag die Watte erneut anfeuchten. Bis zu drei Wochen lang keimen lassen, dabei darauf achten, dass die Watte feucht, aber nicht nass ist, sonst faulen die Keimlinge. Nach dem Keimen wachsen die Sprossen schnell, sie sollten jedoch mindestens 5 cm groß sein, bevor Sie sie an der Basis abschneiden.

Mikrosalat ist im Grunde nur eine trendige Bezeichnung für Baby-Blattsalat. Ich kann mich noch gut erinnern, wie ich 1987 während eines Vorstellungsgesprächs beim New Yorker Restaurant *Sign of a Dove* die ersten Exemplare davon sah. Beim Salatkoch entdeckte ich die winzigsten Blättchen von Friséesalat, Rucola, rotem Eichblatt und Sauerampfer, die man sich nur vorstellen kann. Außerdem Baby-Rote-Bete- und Baby-Mangold-Blättchen. Ich war überrascht, dass sie derart klein waren, bis mir klar wurde, dass es sich lediglich um die ersten Stadien beim Wachstum der Pflanze handelte. Heute kann sie jeder ziehen, der einen Garten oder einen Blumenkasten besitzt. Die Samen etwas dichter als üblich aussäen, und wenn sie dann 5–8 cm hoch gewachsen sind, können Sie sie 1 cm über dem Boden abschneiden. In einem luftdicht verschlossenen Beutel im Kühlschrank aufbewahren und möglichst bald verzehren.

Etwas Crunch, bitte!

Ein Salat profitiert von der Kombination unterschiedlicher Konsistenzen, von der knusprigen Komponente, die man durch die Zugabe von Nüssen oder Croûtons erhält, bis zur weichen Konsistenz von Ziegenquark oder einem Gemüsepüree. So sehr ein grüner Salat mit etwas Olivenöl und Zitronensaft als Beilagensalat gefällt – die Begeisterung Ihrer Gäste wird sich in Grenzen halten, wenn Sie ihn als Vorspeise servieren. Ergänzen Sie jedoch ein paar gebratene Trauben, geröstete Sonnenblumenkerne und einige Parmesanspäne, sieht die Sache schon ganz anders aus! Den Fokus auf Konsistenzen zu legen, ist in puncto Rezeptkreation vielleicht eher der südostasiatische Ansatz als der klassisch europäische, er sorgt jedoch definitiv dafür, dass ein Gericht unvergesslich bleibt. Im Folgenden einige Tipps, wie Sie Ihre Salate mit interessanten Crunchideen und Aromen optimieren können.

Nüsse rösten

Am häufigsten werden vermutlich Nüsse verwendet, wenn es um den Cruncheffekt geht. Daumenregel beim Nüsserösten: Verschiedene Sorten sollten unbedingt getrennt voneinander geröstet werden, da sie unterschiedlich schnell bräunen. Pinienkerne beispielsweise benötigen aufgrund ihrer geringen Größe nur ein Viertel der Zeit von Paranüssen. Ich röste Nüsse lieber im Ofen als in der Pfanne. Dazu den Ofen auf 160 °C vorheizen – aber nicht heißer, sonst besteht das Risiko, dass sie verbrennen. Die Nüsse auf einem Backblech verteilen (nebeneinander in einer Lage – und nicht in größerer Menge in einer zu kleinen Auflaufform) und rösten, bis sie sich goldbraun färben. Ab und zu rütteln, damit sie gleichmäßig rösten. Pinienkerne benötigen 8–10 Minuten, Cashewkerne etwa 15 Minuten. Sie können Nüsse auch in einer Pfanne ohne Fettzugabe rösten, was ich jedoch für wenig effektiv halte, weil die Nüsse von außen stellenweise anbrennen, während sie im Inneren noch roh bleiben. Falls die Nüsse noch von Häuten umhüllt sind, wie es besonders bei gekauften Haselnüssen oft der Fall ist, rösten Sie sie wie oben beschrieben. Haben die Nüsse Farbe angenommen, diese in ein Geschirrtuch gleiten lassen und zusammenbinden. Durch den entstehenden Dampf lösen sich die Häute. Sobald die Nüsse so weit abgekühlt sind, dass Sie sie anfassen können, rubbeln Sie sie einfach für etwa eine Minute im Geschirrtuch ab, so lassen sich die Häute ganz leicht entfernen. Zum Entfernen der Häute bei Mandeln diese mit kochendem Wasser übergießen. Nach dem Abkühlen sollten sich die Häute gut ablösen lassen – falls nicht, einfach ein weiteres Mal einweichen.

Karamellisierte gekochte Nüsse

Mit dieser Methode erhalten Sie köstliche glänzend-süße, knackige Cashew- und Erdnusskerne. Zwei Handvoll Nüsse (ohne Haut) zusammen mit 1 l Wasser und 1 TL Salz in einen Topf geben und zum Kochen bringen. Cashew-kerne 8 Minuten und Erdnusskerne 12 Minuten kochen lassen. In ein Sieb abgießen, dann in eine Schüssel füllen, 4 EL Zucker hinzufügen und vermischen.

Auf einem mit Backpapier belegten Backblech ausbreiten und vollständig abkühlen und trocknen lassen – der Zucker soll sich als Mantel um die Nüsse herumlegen, daher ist es wichtig, dass sie beim Frittieren trocken sind. Dazu müssen die Nüsse gegebenenfalls eine Nacht an einem luftigen oder warmen Ort zubringen. Falls die Zeit knapp ist, lassen sie sich auch im Ofen bei 100 °C trocknen. Anschließend alle aneinanderklebenden Nüsse trennen. Einen Wok oder eine Bratpfanne 3 cm hoch mit Erdnuss- oder Sonnenblumenöl füllen, dann das Öl auf 160 °C erhitzen und ein Drittel der Nüsse hineingeben. Unter ständigem Rühren frittieren, bis sie den Farbton von mittel-braunem Karamell annehmen. Nicht zu lange erhitzen, da sie noch einige Minuten weitergaren, nachdem sie die Pfanne verlassen haben. Mit einem Sieblöffel aus der Pfanne heben und auf Backpapier oder auf einem Backblech abkühlen lassen. (Machen Sie jedoch nicht denselben Fehler wie ich und legen die Nüsse auf saugfähiges Küchen-papier – der Karamellmantel verbindet sich nämlich für alle Zeiten mit dem Papier!) Nach dem Abkühlen in einem luftdicht verschlossenen Gefäß aufbewahren.

Größere Saaten rösten

Geröstete Kürbis- und Sonnenblumenkerne sind besonders für Menschen mit Nussallergie die perfekte Knusper-komponente im Salat, noch dazu sind sie preiswerter als Nüsse. Sie können sie wie Nüsse auf einem Backblech im Ofen rösten, aber auch mit Öl in der Pfanne. Als schöner Nebeneffekt entsteht beim Rösten von Kürbiskernen das wunderbar tiefgrüne und wohlschmeckende Öl, das zum Abrunden des Dressings verwendet werden kann. In einer kleineren Pfanne 3 EL Öl bei mittlerer Temperatur erhitzen und eine Handvoll Kerne hineingeben. Langsam unter gelegentlichem Rühren erhitzen. Sobald die Kerne zu brutzeln beginnen, die Temperatur senken und die Kerne rös-ten, bis sie sich goldgelb gefärbt haben. Sofort in eine hitzefeste Schüssel füllen und abkühlen lassen.

Sonnenblumenkerne mit Sojasauce

Ihr Ursprung liegt in der makrobiotischen Küche. Eine Bratpfanne mit schwerem Boden erhitzen und zwei Handvoll Sonnenblumenkerne hineingeben. Bei mittlerer bis niedrigerer Temperatur unter häufigem Rütteln und Rühren rösten, bis sie Farbe annehmen. 2 EL Sojasauce oder Tamari (weizenfreie Sojasauce) zugeben und erhitzen, bis sie verdampft ist, dabei ständig rühren. Sobald die Sojasauce verdampft ist, die Kerne auf einen Teller geben und abkühlen lassen. Aneinanderhängende Kerne trennen und zum Aufbewahren in ein luftdicht verschließbares Gefäß füllen.

Sesamsamen

Geröstete Sesamsamen verleihen einem Salat neben der knusprigen Komponente eine wirklich feine herzhafte Note. Der Röstvorgang bringt jedoch ein gewisses Durcheinander mit sich, da die Samen gern unkoordiniert herum-hüpfen. In Japan existiert ein spezielles Keramikgefäß zum Sesamrösten. Er besitzt einen Deckel und einen Ausgie-ßer – wie eine exzentrische Teekanne. Da ich annehme, dass Sie ein solches Utensil eher nicht zur Hand haben, können Sie den Sesam entweder bei 160 °C im Ofen goldgelb rösten oder in kleinen Portionen in einem Topf mit Deckel. Bei mittlerer Temperatur rütteln, und sobald sich der Großteil der Samen goldbraun gefärbt hat, diese zum Abkühlen herauskippen. Sie können auch bereits geröstete Sesamsamen von ausgezeichneter Qualität in Geschäf-ten mit japanischem und koreanischem Lebensmittelangebot kaufen.

Popcorn

Möglicherweise finden Sie die Vorstellung von Popcorn im Salat etwas gewöhnungsbedürftig, ich habe es als Küchenchef jedoch bereits 1988 im *The Sugar Club Restaurant* als Salatzutat verwendet – und es ist köstlich! Einen Topf mit hohem Rand bei hoher Temperatur auf den Herd stellen, so viel Erdnuss-, raffinertes Oliven- oder

Sonnenblumenöl zugießen, dass der Boden 3 mm hoch bedeckt ist, dann schnell 3 EL Popcornmaiskörner (eine für die Popcornzubereitung geeignete Sorte verwenden) hineingeben. Einen dicht schließenden Deckel auflegen, dann den Topf sanft rütteln, dabei auf dem Herd stehen lassen, bis die ersten typischen Popgeräusche zu hören sind. Mit dem sanften Rütteln fortfahren – dabei auf dem Herd bleiben –, bis keine Geräusche mehr zu hören sind. Das Popcorn in eine Schüssel füllen und abkühlen lassen. In einem luftdicht verschließbaren Behälter aufbewahren.

Croûtons

Ein großes Plus im Salat sind Croûtons: Sie liefern Aroma und Crunch, und zusätzlich lässt sich auf diese Weise übrig gebliebenes Brot verwerten. Einfach das altbackene Brot in Scheiben oder Würfel schneiden (was leichter geht, wenn das Brot älter als zwei Tage ist) und mit so viel Öl vermischen oder einpinseln, dass es leicht davon überzogen ist. Bei in Scheiben geschnittenen Croûtons ist es einfacher, wenn sie auf einem Backblech ausgebreitet und mit Öl beträufelt oder eingepinselt werden. Nicht übereinanderstapeln, sonst rösten sie nicht gleichmäßig. Im Ofen bei 160 °C goldgelb rösten. Alternativ können klein gewürfelte Croûtons auch angebraten werden, wobei sie jedoch mehr Öl aufnehmen. Zu den Broten, die sich besonders gut für Croûtons eignen, gehört das irische Sodabrot – sein Geschmack und seine Konsistenz sind ganz ausgezeichnet. Schwere dunkle Körnerbrote ergeben manchmal unangenehm harte Croûtons. Falls Sie gerade nur solches Brot im Haus haben sollten, schneiden Sie es in hauchdünne Scheiben und nicht in Würfel.

Knusprige Schalotten und Knoblauch

Diese beiden typischen Zutaten der südostasiatischen Küche passen gut zu Salaten, die reichlich frische Kräuter enthalten oder mit Knoblauch-Dressing angemacht sind. Am besten eignen sich hier die kleinen roten Schalotten aus Thailand, auch wenn sie gelegentlich schwer zu schälen sind. Die Schalotten schälen und in dünne Scheiben schneiden, dann mit etwas feinem Salz vermischen, das einen Teil des Zwiebelsafts aufnehmen soll, und 30 Minuten ziehen lassen. Danach behutsam die überschüssige Flüssigkeit ausdrücken, kurz in einem Sieb unter fließendem kaltem Wasser abspülen und durch Rütteln abtropfen lassen, dann die Schalottenringe mit Küchenpapier trocken tupfen. Falls Sie Knoblauch zubereiten möchten, diesen einfach schälen und in dünne Scheiben schneiden (dazu eignet sich eine Mandoline). Die Knoblauchscheiben oder Schalottenringe in einen Wok oder eine Pfanne geben und 2,5–4 cm hoch mit Sonnenblumenöl bedecken. Bei mittlerer Temperatur erhitzen, dabei sanft umrühren, damit die Scheiben bzw. Ringe nicht aneinanderhaften. Wenn sie zu brutzeln beginnen, nicht mehr aus den Augen lassen, und sobald sie ein etwas dunkleres Goldgelb annehmen, mit einem Sieblöffel herausheben oder in ein feinmaschiges hitzefestes Sieb abseihen und auf saugfähigem Küchenpapier ausbreiten. Nach dem Abkühlen in luftdicht verschließbaren Behältern aufbewahren. Sie bekommen sie aber auch in asiatischen Supermärkten, während Sie in Geschäften mit indischem Lebensmittelangebot knusprige Zwiebeln kaufen können, die auf dieselbe Weise hergestellt wurden und toll über Salate mit Fleisch oder über Currys gestreut schmecken.

Dressings

Ein Dressing kann einen Salat vollkommen machen oder ihn vollkommen ruinieren. Ein einfaches Dressing (Öl und Essig) versorgt den Salat mit Flüssigkeit, ein anspruchsvolleres kann zum ganz besonderen i-Tüpfelchen eines Salats werden. Ein Dressing sollte ausbalanciert sein, was bedeutet, dass Säure und Öligkeit sich die Waage halten. Sie sollten dabei jedoch auch die anderen Bestandteile des Salats im Hinterkopf behalten – falls Sie in Stücke geschnittene Zitrusfrüchte oder mit Verjus oder Tamarinde geschmorte Trauben verwenden, darf das Dressing nicht zu säuerlich sein, sonst hinterlässt das Endergebnis einen intensiv sauren Eindruck auf der Zunge. Genauso funktioniert es, wenn Sie ein Dressing für in Olivenöl geschmorte Artischocken zubereiten möchten: Es sollte nicht zu ölig geraten, sonst ertränken Sie den gesamten Salat in Öl. Für die Zubereitung eines Dressings können Sie entweder alle Zutaten mit einem Schneebesen in einer kleinen Schüssel aufschlagen oder, noch einfacher, die Zutaten in ein Einmachglas füllen, den Deckel aufschrauben und einfach alles durch Schütteln vermischen.

Verhältnis Säure zu Öl

Als Daumenregel verwende ich dreieinhalb bis vier Teile Öl auf einen Teil Essig. Für vier große Portionen grünen Salat rechne ich 2 EL Öl und knapp 1½ TL Essig. Wenn ich den Essig jedoch durch Zitronensaft, Granatapfelsirup oder Verjus ersetze, erhöhe ich den Anteil der sauren Komponente etwas (etwa drei zu eins), da diese drei Zutaten weniger Säure enthalten als Essig.

Säure und säuerliches Aroma

Die Auswahl an heutzutage erhältlichen Essigsorten ist unglaublich. In den Geschäften, in denen ich vorzugsweise einkaufe, gibt es eine außerordentliche Bandbreite, von Kokosessig über Sherryessig und Rotweinessig aus verschiedenen Ländern bis zu Apfelessig, Reisessig und diversen Arten von Balsamico-Essig. Jede dieser Sorten besitzt einen ganz eigenen Charakter.

Säure und ein säuerliches Aroma können auch durch andere Zutaten ins Spiel gebracht werden. Am liebsten mag ich Granatapfelsirup, Verjus (aus unfermentierten Trauben, muss daher nach dem Öffnen im Kühlschrank gelagert werden, sonst wird er schlecht), Tamarinde (Sie können das säuerliche Aroma selbst extrahieren – dazu das Fruchtfleisch in warmem Wasser einweichen, ausdrücken, durch ein Sieb passieren – oder eine fertige, weniger intensive Paste kaufen) und den Saft von Zitrusfrüchten – von Zitrone über Grapefruit, Orange und Yuzu bis Limette. Denken Sie auch daran, dass es nicht nur der Saft einer Zitrusfrucht ist, der für Aroma im Salat sorgt, sondern auch die fein abgeriebene Schale, die farbenfrohe äußere Schicht der Zitrusfrucht. Kaufen Sie ungewachste Früchte, wenn möglich. In unserer modernen Welt ist das Risiko jedoch ziemlich hoch, dass die Früchte, die in Ihrem Einkaufskorb landen, zum Haltbarmachen mit einer feinen Schutzschicht aus Wachs besprüht wurden, die Sie mit heißem Wasser und einem Tuch oder Küchenpapier abrubbeln müssen, bevor Sie die Schale reiben.

Öle

Genau wie beim Essig existiert auch beim Öl ein überwältigendes Angebot. Die Sorten mit neutralerem Geschmack – die dann zum Einsatz kommen, wenn die »Salatzutaten« als Stars im Mittelpunkt stehen sollen – sind Sonnenblumenöl, Traubenkernöl, mildes Olivenöl und das, was oft als »Pflanzenöl für Salat« bezeichnet wird.

Nussöle, bei denen es sich gewöhnlich um Walnuss-, Haselnuss-, Mandel- und Erdnussöl handelt, besitzen mehr Aroma, wobei das von Mandel- und Erdnussöl eher zart ist. Es sind auch Öle von gerösteten Nüssen im Handel, die ein deutlich intensiveres Aroma besitzen. Diese können in einem Dressing jedoch gelegentlich zu dominant sein, möglicherweise möchten Sie sie daher mit etwas neutralem Öl verdünnen. Geröstetes Sesamöl schmeckt ganz wunderbar, sollte aber sparsam eingesetzt werden. Arganöl ist weniger bekannt, aber ebenfalls köstlich, und es lohnt sich, danach zu suchen. Es ist teuer, denn der Gewinnungsprozess in Marokko ist äußerst zeitaufwendig. Wenn Sie darüber stolpern und gerade Lust haben, sich etwas zu gönnen, nehmen Sie es mit und probieren Sie es in einem einfachen Salatdressing für grünen Blattsalat. Ich garantiere Ihnen, dass Sie von seinem süßen, nussigen Aroma fasziniert sein werden.

Allein das Thema Olivenöl füllt schon ganze Bücher, generell lässt sich jedoch sagen, dass ein natives Olivenöl extra deutlich weniger Säure besitzt als ein natives Olivenöl oder ein »einfaches« Olivenöl. Ein natives Olivenöl extra beginnt nach 12–18 Monaten, seinen grasigen, frischen Charakter zu verlieren, achten Sie daher darauf, dass Sie ein Öl der neuen Ernte mit Datumsangabe bekommen, damit es nicht zu einer Enttäuschung kommt, wenn Sie es über Ihren Salat träufeln.

Avocadoöl wird gewonnen, indem das Fruchtfleisch der Avocado zerdrückt und daraus das Öl extrahiert wird, auf dieselbe Weise wie auch bei Oliven. Es eignet sich sehr gut zum Braten, da es einen hohen Rauchpunkt besitzt (was bedeutet, dass es nach dem Erhitzen nicht verbrannt schmeckt oder an wertvollen Inhaltsstoffen verliert), daher ist es perfekt zum Braten von Fisch oder Hähnchenbrust, zum Grillen und zum Schmoren.

Mittlerweile werden auch mit Chili, Zitrone, Trüffeln, Kräutern, Knoblauch und diversen anderen feinen Dingen aromatisierte Öle angeboten, die jedoch nicht immer alle so gut schmecken, wie sie klingen. Wie bei allen Ölen ist es wichtig, sie an einem kühlen Ort aufzubewahren, fernab von jeglicher Hitze oder Sonnenlicht, und sie nach dem Öffnen zügig zu verbrauchen.

Einfache Salate

KAPITEL 1

Roter Salat

BEI RAUMTEMPERATUR SERVIEREN

ZUTATEN

2 rote Paprikaschoten

1 Radicchio

3 Roma-Tomaten

1 Rote Bete

4 EL ausgelöste
Granatapfelkerne

2 EL Sesamsamen, geröstet

½ mittelscharfe Chili (inklusive
Samen), fein gehackt

2 EL Rotweinessig

1 TL extrafeiner Zucker

3 EL natives Olivenöl extra

1 TL Meersalzflocken

Hierbei handelt es sich um eine stückige Variante von einem meiner Lieblingssalate, salsa rossa, *die ich gerne zu gegrilltem Fisch und Fleisch serviere. Sehr gut auch mit reichlich Parmesan unter ein einfaches Risotto gerührt.*

[ZUBEREITUNG]

Die Paprikaschoten grillen und die Haut abziehen (siehe Seite 34), dann in Streifen schneiden.

Wenn nötig vom Radicchio die äußeren Blätter entfernen, den Salatkopf längs vierteln, den weißen Strunk herausschneiden, die Viertel in dünne Streifen schneiden.

Die Tomaten in große Würfel schneiden.

Die Rote Bete schälen und in dünne Scheiben hobeln (ich habe hier Ringelbete genommen und sie mit der Mandoline in sehr feine Scheiben geschnitten).

Alle Zutaten in eine Schüssel geben und gründlich vermischen. 10 Minuten ziehen lassen, abschmecken und servieren.

Salat in Weißtönen

BEI RAUMTEMPERATUR SERVIEREN

ZUTATEN

1 Salatgurke

1 Knolle Fenchel, beschädigte
Teile entfernt

1 kleine Knolle Sellerie

1 Kohlrabi

Ähnlich wie Coleslaw schmeckt auch dieser Salat hervorragend in einem Burgerbrötchen in Kombination mit einem gegrillten Rindfleischpatty oder gegrilltem Lachs. Auch gut zu Brathähnchen oder geräuchertem Schinken. Als Dressing entweder die Milch-Aioli ohne Ei oder die Mayonnaise (siehe Seite 266 bzw. 264) verwenden oder Naturjoghurt oder Crème fraîche – was Sie gerade zur Hand haben. Hobeln Sie das Gemüse mithilfe einer Mandoline so fein wie möglich.

200 g weiße Trauben, in
Scheiben geschnitten oder
halbiert, je nach Größe

200 g Wachsbohnen,
blanchiert, abgeschreckt und
in 2,5 cm lange Stücke
geschnitten

2 EL Zitronensaft

1 TL Meersalzflocken

100 g Milch-Aioli oder
Mayonnaise (siehe Seiten 266
und 264) oder Crème fraîche
oder Naturjoghurt (siehe
Rezepteinführung)

[ZUBEREITUNG]

Die Salatgurke schälen, längs halbieren und die Samen entfernen, dann schräg in
dünne Halbkreise schneiden.

Den Fenchel diagonal in dünne Ringe hobeln, vom unteren Ende einen 1 cm dicken
Rest übrig lassen, da dieses etwas faserig sein kann.

Den Sellerie schälen und in Juliennestreifen schneiden.

Den Kohlrabi schälen, halbieren und in dünne Scheiben hobeln.

Alle Zutaten behutsam, aber gründlich vermischen. 10 Minuten ziehen lassen, dann
abschmecken und servieren.

FÜR 6–8 PERSONEN ALS BEILAGE

Grüner Salat

BEI RAUMTEMPERATUR SERVIEREN

ZUTATEN

350 g Edamame (unreif
geerntete grüne Sojabohnen in
der Schote)

50 g frische oder tiefgekühlte
Erbsen

300 g grüner Spargel

2 Zucchini

1 Salatgurke

1 große Handvoll abgezupfte
Blättchen glatte Petersilie,
in feine Streifen geschnitten

20 Blättchen Minze, in feine
Streifen geschnitten

20 Blättchen Basilikum, in
feine Streifen geschnitten

100 g Erbsensprossen (oder
wilder Rucola oder Frisée)

3 EL natives Olivenöl extra

1 EL Zitronensaft

½ TL Meersalzflocken

*So simpel, dass ein Rezept fast unnötig ist, daher hier nur als kleine
Erinnerungshilfe zum saisonalen Genuss. Eine sonnenverwöhnte Som-
merzucchini schmeckt um Klassen besser als eine winterliche Treibhaus-
zucchini, wählen Sie also das, was zurzeit Saison hat und am besten
ist. Unterschiedliche Grüntöne – je mehr, desto besser – sorgen für eine
tolle Optik. Der Einsatz einer Mandoline ist hier sehr zu empfehlen.*

[ZUBEREITUNG]

Die Edamame in den Schoten kochen (wurden sie roh eingefroren, dauert dies
4 Minuten; waren sie vorgegart, nur noch 30 Sekunden). Abgießen, in Eiswasser
abschrecken, dann die Bohnen aus den Schoten auslösen.

Die Erbsen 1 Minute kochen, dann in Eiswasser abschrecken und abgießen.

Die holzigen Enden der Spargel abschneiden und wegwerfen, die Spargelstangen
schräg in Scheiben schneiden.

Von den Zucchini und der Salatgurke beide Enden abschneiden, das Gemüse in
dünne Scheiben hobeln.

Alle Zutaten in eine Schüssel geben, vermischen und sofort servieren.

Grünkohl-Couscous mit eingelegter Zitrone

WARM ODER BEI RAUMTEMPERATUR SERVIEREN

ZUTATEN

150 g Instant-Couscous

¾ TL Meersalzflocken

250 g Grünkohl, holzige Mittelrippen entfernt

20 Blättchen Minze

2 EL natives Olivenöl extra

1 kleine eingelegte Zitrone (80 g)

Dieser grüne Couscous bietet eine wirklich gute Möglichkeit, gleichzeitig Körner und Gemüse zu genießen. Und Freunde mit Kindern haben mir berichtet, dass ihnen dieses Rezept immer sehr gelegen kommt, wenn es darum geht, die Familie zum Gemüseessen zu bewegen. Ich habe den Salat auch schon oft mit blanchiertem Brokkoli anstelle von Grünkohl zubereitet, Sie können auch blanchierten oder rohen Blumenkohl oder Karotten und Ihre Lieblingskräuter nehmen. Verwenden Sie für den Couscous immer lauwarmes oder kaltes statt kochendem Wasser, damit er nicht matschig wird. Falls nötig, kann er problemlos in der Mikrowelle aufgewärmt werden.

[ZUBEREITUNG]

In einer mittelgroßen Schüssel den Couscous mit 220 ml lauwarmem Wasser und ¾ TL Salz vermischen. Quellen lassen, bis der Couscous das Wasser vollständig aufgenommen hat.

Den Grünkohl 3 Minuten kochen oder dampfgaren. In ein Sieb abgießen, 20 Sekunden unter fließendem kaltem Wasser abspülen, dann in Eiswasser abschrecken. Erneut abgießen und überschüssiges Wasser herauspressen.

Den Grünkohl mit den Minzeblättchen und dem Olivenöl in den Mixbehälter der Küchenmaschine geben und in kurzen Intervallen pürieren, dabei immer wieder das, was sich an den Seiten abgesetzt hat, nach unten abstreifen, bis eine Art grobe Krümel entstanden sind. (Nicht zu einer homogenen Masse pürieren.)

Die Zitrone halbieren, das Fruchtfleisch herausschaben und durch ein Sieb in eine kleine Schüssel ausdrücken. Im Sieb zurückgebliebene Kerne und Trennwände wegwerfen. Die Zitronenschale fein hacken und mit dem Saft mischen.

Die pürierte Grünkohlmischung und die Zitrone unter den Couscous rühren, großzügig mit frisch gemahlenem schwarzem Pfeffer würzen und mit Salz abschmecken.

Ein Foto dazu finden Sie auf Seite 32 oben

FÜR 4 PERSONEN ALS BEILAGE

Wassermelone und Feta mit Sumach und Kapern

BEI RAUMTEMPERATUR SERVIEREN

ZUTATEN

600 g Wassermelone (nur das Fruchtfleisch), in Stücke geschnitten

150 g Feta, grob zerkrümelt

2 TL kleine Kapern, abgespült und trocken getupft

20 Blättchen Minze, zerzupft

1 EL Sumach

2 EL Zitronensaft

1 EL natives Olivenöl extra

Ich habe bereits 1996 in mein erstes Kochbuch The Sugar Club Cookbook *ein Rezept für einen Feta-Wassermelonen-Salat aufgenommen. Auch wenn es sich nicht um ein Original handelt – ich bin mir ziemlich sicher, dass der Salat ursprünglich aus Israel stammt –, hier eine kleine Abwandlung meines ersten Versuchs. Sumach, ein säuerliches rotes Gewürz aus getrockneten roten Beeren aus dem Nahen Osten, harmoniert ganz hervorragend mit der Süße der Wassermelone. Die Minze verleiht dem Salat eine frische Note und die salzigen Kapern sorgen für Biss und Würze.*

[ZUBEREITUNG]

Alle Zutaten miteinander vermischen und sofort servieren.

Baby-Kartoffeln mit Minze, Erbsen und Crème fraîche

WARM ODER BEI RAUMTEMPERATUR SERVIEREN

ZUTATEN

750 g Baby-Kartoffeln, abgebürstet (falls schmutzig)

250 g frische oder tiefgekühlte Erbsen (bei frischen in der Schote werden etwas mehr als 500 g benötigt)

8 Schalotten oder 2 Bananenschalotten, geschält und in dünne Ringe geschnitten

¼ TL Meersalzflocken

1 EL Pflanzenöl

200 g Crème fraîche

40 Blättchen (1 lockere Handvoll) Minze

Falls Sie zu den Glücklichen gehören, die eine Bezugsquelle für die Kartoffelsorte Jersey Royals kennen, greifen Sie zu: Sie sind ideal für diesen Salat. Falls nicht, entscheiden Sie sich für eine gute, kleine Kartoffelsorte. In meiner Kindheit und Jugend machten wir uns einmal im Jahr mit meinem Vater und meiner Stiefmutter Rose auf zum »Schweinekartoffeln«-Ausbuddeln: Dabei handelte es sich um beim maschinellen Ernten übrig gebliebene Kartoffeln, die wohl nach den Tieren benannt worden waren, die sie auffutterten – sofern wir nicht vor ihnen dort waren! Servieren Sie den Salat warm oder bei Raumtemperatur.

[ZUBEREITUNG]

Die Kartoffeln in leicht gesalzenem Wasser knapp gar kochen (das ist dann der Fall, wenn sie sich mit einem Messer durchstechen lassen). Die Erbsen hinzufügen und weitere 2 Minuten garen. In ein Sieb abgießen und ein paar Minuten unter fließendem kaltem Wasser abschrecken, dann erneut abtropfen lassen.

Während die Kartoffeln kochen, die Schalotten mit ¼ TL Salz bei mittlerer Temperatur im Öl anschwitzen, dabei häufig umrühren, bis sie karamellisiert und leicht knusprig sind. In eine Schüssel umfüllen und die Crème fraîche unterrühren.

Die Kartoffeln und die Erbsen in eine große Schüssel geben, dann die Schalotten und die Minze hinzufügen. Vermischen und abschmecken. Zum Servieren in eine saubere Schüssel umfüllen.

Tomate, Brot, Sumach und Basilikum

BEI RAUMTEMPERATUR SERVIEREN

ZUTATEN

3 Scheiben Sauerteigbrot
(etwa 130 g), einige Tage alt

3 EL Olivenöl

250 g Kirschtomaten,
geviertelt

1 EL Sumach

3 EL Rotweinessig

20 Blättchen Basilikum, grob
zerzupft

20 Blättchen Minze, grob
zerzupft

1 TL junge Majoran- oder
Oreganoblättchen

Von diesem Salat existieren rund ums Mittelmeer zahlreiche Versionen, vom italienischen panzanella *bis zum tunesischen* fatoush. *Meine ist sehr simpel und wird am besten im Rahmen einer Auswahl verschiedener Salate zu Tisch gebracht. Noch sehr viel sättigender wird der Salat, wenn Sie reichlich geschälte und in Würfel geschnittene Salatgurke, gegrillte Paprikaschoten, Radieschen und Blattsalat hinzufügen. Das Brot muss ein paar Tage alt sein – dies ist eine gute Methode, altbackenes Brot noch zu verwerten, statt es wegzuwerfen, genau wie Semmelbrösel, die auch immer zu Hause hergestellt wurden, als ich noch ein Kind war. Verwenden Sie eine bunte Auswahl unterschiedlich gefärbter Kirschtomaten, wenn Sie gerade welche bekommen können – sie sehen toll aus!*

[ZUBEREITUNG]

Das Brot in Würfel schneiden und 10 Minuten in kaltem Wasser einweichen. Abgießen, überschüssige Flüssigkeit herauspressen und in eine Schüssel legen.

Alle anderen Zutaten, ½ TL Salz und ¼ TL frisch gemahlenen schwarzen Pfeffer hineingeben. Gründlich vermischen und 10 Minuten ziehen lassen. Nochmals vermischen und abschmecken.

Gegrillte Paprikaschoten mit Dill

ZUTATEN

6 Paprikaschoten

3 EL Olivenöl

½ TL fein abgeriebene
unbehandelte Zitronenschale

Ausgepresster Saft von
1 Zitrone

3 EL klein geschnittener Dill

Verwenden Sie dickfleischige rote oder gelbe Paprikaschoten, die reichlich Sommersonne aufgesogen haben, und keine grünen, die sich meiner Meinung nach nur zum Rohessen eignen. Sie können auch Paprika aus dem Glas nehmen, wobei diese jedoch immer einen leicht metallischen Beigeschmack haben und nicht ganz zum erwünschten Ergebnis führen werden. Es existieren so viele Methoden zum Garen und Häuten von Paprika, wie das Jahr Monate hat – für diejenigen mit Gasherd: Ich gehe am liebsten nach der ersten Methode vor, dafür sollten aber unbedingt die Dunstabzugshaube eingeschaltet und alle Türen geschlossen sein, damit der Rauchmelder nicht losgeht. Falls Sie keinen Gasherd besitzen, gehen Sie nach der zweiten Methode vor. Gegrillte Paprikaschoten machen sich sehr gut als Teil einer Mezze-Auswahl, wie sie in der Türkei oder Griechenland serviert wird.

[ZUBEREITUNG]

Die Methode zum Paprikahäuten für Gasherdbesitzer: Die Gasbrenner anschalten und die Paprikaschoten auf die Flammen legen oder dagegenlehnen, dabei immer wieder drehen, damit sie von allen Seiten schwarz werden. Nicht vollständig verbrennen lassen, aber darauf achten, dass sie ringsum schwarz werden und die Haut Blasen wirft. Danach in eine hitzefeste Schüssel legen, und wenn alle Paprikaschoten fertig sind, die Schüssel dicht mit Frischhaltefolie verschließen und 15 Minuten abkühlen lassen. Nach dem Abkühlen die Schoten herausnehmen, den Stiel herausziehen und die Paprikaschoten der Länge nach halbieren. Die Haut abziehen und die Samen und Scheidewände entfernen. (Das geht eventuell leichter unter einem nur sehr vorsichtig aufgedrehten kalten Wasserstrahl, aber eigentlich ist das nicht nötig.)

Alternativ den Backofengrill auf hohe Stufe einstellen. Die Paprikaschoten der Länge nach in Viertel schneiden, die Stiele, Samen und Scheidewände entfernen. Jeweils die äußere glänzende Seite mit etwas Öl einpinseln und mit dieser Seite nach oben auf ein Backblech setzen. Das Blech unter den Grill schieben und 8–10 Minuten grillen oder so lange, bis die Häute Blasen werfen und sich schwarz färben. In eine hitzefeste Schüssel legen, dicht mit Frischhaltefolie verschließen und 15 Minuten abkühlen lassen. Dann die Häute abziehen.

Die gehäuteten Paprikahälften oder -viertel der Länge nach in etwa 1 cm breite Streifen schneiden. Mit dem Olivenöl, der Zitronenschale, dem Zitronensaft und dem Dill in eine Schüssel geben. Mit Salz und frisch gemahlenem schwarzem Pfeffer würzen und alles vermischen.

Kohl, Apfel, Minze und Sesam

BEI RAUMTEMPERATUR SERVIEREN

ZUTATEN

500 g Kohl, Strunk und
beschädigte Außenblätter
entfernt

90 ml (6 EL) Apfelessig oder
ein anderer heller Essig

3 Äpfel (oder Nashi- oder
normale Birnen)

40 Blättchen Minze

2 EL Sesamsamen, geröstet

2 EL Sesamöl

Nehmen Sie den Kohl, den Sie mögen. Eine Mischung aus verschiede-
nen Kohlsorten funktioniert ebenfalls (ich habe je zur Hälfte Wirsing
und Weißkohl verwendet). Falls Sie sich für Rotkohl entscheiden, denken
Sie daran, dass er die anderen Zutaten möglicherweise rot verfärbt,
weshalb der Salat gleich nach der Zubereitung serviert werden sollte.
Wählen Sie auch eine Apfelsorte, die Sie gern essen – ob süß oder säuer-
lich –, oder ersetzen Sie die Äpfel durch Birnen oder Nashi. Eine Mando-
line oder die Gemüsescheibe der Küchenmaschine leisten gute Dienste,
wenn es darum geht, besonders dünne Scheiben zu erhalten.

[ZUBEREITUNG]

Den Kohl so fein wie möglich hobeln, behutsam auseinanderpflücken und in eine Schüssel geben. (Beim Rotkohl sitzen die Schichten sehr fest aneinander, sie lassen sich nur schwer trennen, während Chinakohlblätter nur lose übereinanderliegen.) Mit 4 EL Essig beträufeln, mit 2 TL Salz bestreuen und gründlich vermischen, dann abdecken und 30 Minuten ziehen lassen.

Den Kohl in ein Sieb geben, damit überschüssige Flüssigkeit abtropfen kann, dann in eine große Schüssel füllen und mit den restlichen 2 EL Essig vermischen.

Die Äpfel vierteln, vom Kerngehäuse befreien und in dünne Scheiben schneiden, dann mit der Minze, den Sesamsamen und dem Sesamöl in die Schüssel geben. Alles vermischen und abschmecken.

Grüne Bohnen mit Cashewkernen, Zitrone und Ingwer

WARM ODER BEI RAUMTEMPERATUR SERVIEREN

ZUTATEN

1 kleine eingelegte Zitrone (80 g)

3 EL Zitronensaft

2 TL fein gehackter Ingwer

1 TL extrafeiner Zucker

3 EL natives Olivenöl extra

600 g Bohnen, an beiden Enden eingekürzt, blanchiert und abgeschreckt (ich habe eine Mischung aus Wachsbohnen, Stangenbohnen, grünen Bohnen und Zuckerschoten verwendet)

150 g Cashewkerne, geröstet und gehackt

Bereiten Sie diesen Salat zu, wenn die gelben Wachsbohnen Saison haben. Der Salat könnte nicht einfacher sein, ich möchte jedoch betonen, dass er am besten mit leicht übergarten Bohnen funktioniert. Zarte grüne Bohnen sind wunderbar mit etwas Biss, größere Bohnen profitieren meines Erachtens jedoch davon, wenn sie gut durchgegart werden. Falls Sie gerade keine eingelegte Zitrone zur Hand haben, schälen Sie eine unbehandelte Zitrone und kochen Sie die Schale 4 Minuten. Danach die Schale klein hacken und zusätzlich 2 TL Zitronensaft extra zum Dressing geben.

[ZUBEREITUNG]

Die Zitrone halbieren, das Fruchtfleisch mit einem Löffel herausschaben und durch ein Sieb in eine kleine Schüssel ausdrücken. Im Sieb zurückgebliebene Kerne und Trennwände wegwerfen. Die Zitronenschale fein hacken und mit dem Saft mischen. Den frisch ausgepressten Zitronensaft, den Ingwer und den Zucker hinzufügen. Umrühren, bis sich der Zucker aufgelöst hat. Das Olivenöl mit einem Schneebesen unterschlagen und abschmecken. Die eingelegte Zitrone ist salzig, Sie werden also nicht viel zusätzliches Salz benötigen.

Die Bohnen mit dem Dressing und zwei Dritteln der Cashewkerne vermischen und in eine Schüssel füllen. Mit den restlichen Cashewkernen bestreuen.

Kichererbsen, Feta, pikante rote Zwiebeln mit Kreuzkümmel und Minze

WARM ODER BEI RAUMTEMPERATUR SERVIEREN

ZUTATEN

75 ml (5 EL) Olivenöl

2 rote Zwiebeln, geschält und in dünne Ringe geschnitten

6 Zehen Knoblauch, geschält und in dünne Scheiben geschnitten

2 TL gehackte Rosmarinnadeln

1 rote oder grüne Chilischote, in dünne Ringe geschnitten (inklusive Samen)

1 TL Kreuzkümmelsamen

2 Dosen (à 400 g) Kichererbsen, abgegossen und abgespült (oder 500 g gekochte Kichererbsen verwenden)

3 EL Zitronensaft

8 abgeschälte Streifen unbehandelte Zitronenschale, in Juliennestreifen geschnitten

200 g Feta, gewürfelt

1 Handvoll abgezupfte Blättchen glatte Petersilie

1 Handvoll abgezupfte Blättchen Minze, größere Blätter zerzupft

Hier können problemlos Kichererbsen aus der Dose verwendet werden, falls Sie sie nicht selbst einweichen und kochen möchten (siehe Seite 79). Ganz wunderbar gekrönt von gegrilltem Kalmar oder Tintenfisch, aber auch köstlich zu gebratenem Lamm oder Hähnchen, auf einem Pizzaboden gebacken oder zum Wochenendbrunch mit ein, zwei knusprig gebratenen Eiern. Die Ölmenge mag Ihnen vielleicht übertrieben erscheinen, aber das Öl schmeckt einfach zu gut, wenn man es mit Brot auftunkt.

[ZUBEREITUNG]

Eine große Pfanne bei mittlerer Temperatur auf dem Herd erhitzen. 4 EL Olivenöl hineingeben, dann die Zwiebeln, den Knoblauch, den Rosmarin, die Chili und die Kreuzkümmelsamen unter häufigem Rühren anschwitzen, bis sie karamellisiert sind.

Die Kichererbsen, den Zitronensaft, die Zitronenschale und 1 TL Salz hinzufügen und köcheln lassen, bis ein Großteil der Flüssigkeit verdampft ist, dabei häufig umrühren. In eine Schüssel umfüllen und abkühlen lassen, wenn der Salat bei Raumtemperatur serviert werden soll.

Den Feta, die Petersilie, die Minze und das restliche Olivenöl zugeben, alles vermischen und abschmecken.

Orangen mit Pinienkernen und Schalotte

BEI RAUMTEMPERATUR SERVIEREN

ZUTATEN

3 EL Orangensaft

2 Schalotten oder 1 Bananen-schalotte, geschält und in sehr dünne Ringe geschnitten

2 unbehandelte Orangen

2 EL Pinienkerne, geröstet

2 EL natives Olivenöl extra

12–15 kleine Blättchen Basilikum (ich habe rotblätt-riges Basilikum verwendet)

Meersalzflocken

Einen ganz ähnlichen Salat habe ich einmal in der Nähe von Sevilla gegessen und war erstaunt, dass ungeschälte Orangen tatsächlich so gut schmecken. (Und natürlich kommt das auch meiner faulen Seite sehr entgegen!) Verwenden Sie saftige unbehandelte Orangen mit fester Schale, es sollten auch nicht zu große Exemplare sein, da dann der Anteil an bitterer weißer Haut höher ist. Servieren Sie diesen Salat zu Schweinebraten oder Ente oder als Vorspeise mit einem Weichkäse: Burrata oder in Scheiben geschnittener junger Pecorino oder Manchego eignen sich sehr gut.

[ZUBEREITUNG]

Den Orangensaft mit den Schalotten vermischen, dabei die Ringe voneinander tren-nen. 20 Minuten ziehen lassen.

Von den Orangen beide Enden 1 cm breit abschneiden und wegwerfen. Die Orangen in möglichst dünne Scheiben schneiden und auf einen Teller legen. Die Kerne entfer-nen.

Zum Servieren den Saft von den Schalottenringen abgießen, die Ringe auf den Orangenscheiben verteilen. Mit den Pinienkernen bestreuen, mit etwas Olivenöl be-träufeln, mit den Basilikumblättchen garnieren und mit Meersalzflocken bestreuen.

Salate mit Gemüse

KAPITEL 2

Nashibirne, Radieschen, Ingwer und Cashewkerne

BEI RAUMTEMPERATUR SERVIEREN

ZUTATEN

1 kleine rote Zwiebel, geschält und in dünne Ringe geschnitten

1 Frühlingszwiebel, in dünne Ringe geschnitten

4 EL Tahini (Sesampaste)

2 EL Granatapfelsirup

1 EL fein gehackter oder geriebener Ingwer

2 EL Sonnenblumenöl

2 Nashibirnen (oder 3 Äpfel)

3 Stangen Staudensellerie aus dem Sellerieherz, in dünne Scheiben geschnitten, plus frische junge Blättchen

1 Handvoll kleine Radieschen (oder 8 größere Radieschen, in Viertel geschnitten)

CASHEWKERNE

100 g Cashewkerne (ungeröstet)

½ TL Chiliflocken (optional)

1 EL Zucker (beliebige Sorte)

1 TL Koriandersamen

Dieser frische, knackige Salat ist eine tolle Beilage zu gebratenem Schwein, Hähnchen oder Ente, er eignet sich aber auch hervorragend als Teil einer rein vegetarischen Speisenauswahl. Ich bereite Cashewkerne – genau wie Erdnüsse – gern auf diese Weise zu, da sich die Konsistenz dabei deutlich verändert. Wenn jedoch die Zeit knapp ist, können Sie sie auch einfach durch geröstete Cashewkerne ersetzen, die Sie mit gerösteten, zerstoßenen Koriandersamen vermischen.

[ZUBEREITUNG]

Zuerst die Cashewkerne zubereiten. Dazu diese mit den Chiliflocken, dem Zucker, 400 ml Wasser und ¼ TL Salz in einen mittelgroßen Topf geben. Zum Kochen bringen, dann die Temperatur senken und 15 Minuten leise köcheln lassen. Darauf achten, dass die Nüsse permanent mit Flüssigkeit bedeckt sind. Falls nötig, kochendes Wasser nachfüllen. Im Topf abkühlen lassen, dann 15 Minuten in einem Sieb abtropfen lassen. In eine mit Backpapier ausgekleidete Backform füllen und über Nacht bei Raumtemperatur trocknen lassen.

Am folgenden Tag den Backofen auf 160 °C vorheizen und die Cashewkerne goldbraun rösten, was etwa 45 Minuten dauert. Die Koriandersamen hinzufügen und etwa 5 Minuten mitrösten, bis sie zu duften beginnen. Aus dem Ofen nehmen und abkühlen lassen. (Alternativ die Cashewkerne frittieren, siehe Seiten 14–16). Im Mörser grob zerstoßen. Die Mischung lässt sich in einem luftdicht verschließbaren Behälter 2 Wochen aufbewahren.

Die rote Zwiebel in eine Schüssel geben und mit ½ TL feinem Salz bestreuen. Das Salz kräftig mit den Zwiebeln verkneten, dann 20 Minuten bei Raumtemperatur ziehen lassen. In einem Sieb unter fließendem kaltem Wasser abspülen und abtropfen lassen.

Die Frühlingszwiebel in ein Sieb geben und eine Minute unter nur leicht aufgedrehtem fließendem kaltem Wasser abspülen, dann abtropfen lassen.

Die Tahini mit 100 ml Wasser verrühren, bis sich beides zu einer homogenen Masse verbunden hat. Den Granatapfelsirup, den Ingwer und das Sonnenblumenöl unterrühren. Mit Salz abschmecken.

Die Nashibirne vierteln, dabei das Kerngehäuse entfernen, dann in dicke Stäbchen oder 3 mm breite Scheiben schneiden und in eine Schüssel legen. Den Staudensellerie, die Sellerieblättchen, die rote Zwiebel, die Frühlingszwiebel, die Hälfte der Cashewmischung und das Dressing hinzufügen. Alles vermischen und zum Servieren mit den restlichen Cashewkernen und den Radieschen garnieren.

Wurzelgemüse und Kürbis aus dem Backofen mit sahnigen Minzeerbsen

WARM SERVIEREN

ZUTATEN

2 Pastinaken, geschält und in Stücke geschnitten

2 mittelgroße Steckrüben, geschält und in Stücke geschnitten

2 Karotten, geschält und in Stücke geschnitten

500 g Kürbis, geschält, Samen entfernt und in Stücke geschnitten

60 g Kürbiskerne

2 TL grob gehackte frische Salbeiblättchen

1 TL frische Thymianblättchen

3 große Schalotten (oder 2 kleinere weiße Zwiebeln), geschält

2 EL natives Olivenöl extra

20 g Butter

200 ml Sahne

250 g Erbsen

20 Blättchen Minze, in Streifen geschnitten

20 Blättchen Basilikum, in Streifen geschnitten

1 kleine Handvoll abgezupfte Blättchen glatte Petersilie, in Streifen geschnitten

Ein wunderbarer warmer Salat, in die Tischmitte gestellt als Begleitung zum Abendessen – ob zu gedämpftem Hähnchenbrustfilet, gegrilltem Hirschkotelett, Corned Beef oder gebratenem Kabeljau. Im Winter, wenn die meisten Zutaten für diesen Salat Saison haben, greifen Sie am besten zu Tiefkühlerbsen, doch im Sommer verwenden Sie frisch gepalte Erbsen in Kombination mit Butternusskürbis und Topinambur.

[ZUBEREITUNG]

Den Backofen auf 170 °C vorheizen.

Die in Stücke geschnittenen Pastinaken, Steckrüben, Karotten und Kürbis mit den Kürbiskernen, dem Salbei und dem Thymian in einen Bräter geben. Zwei Schalotten in dicke Scheiben schneiden und zusammen mit 2 EL Wasser, dem Öl und etwas Salz und frisch gemahlenem schwarzem Pfeffer hinzufügen und alles miteinander vermischen. Unter gelegentlichem Umrühren im Ofen rösten, bis das Gemüse gar ist, was etwa 1 Stunde dauert.

Wenn das Gemüse fast fertig ist, die übrige Schalotte in Würfel schneiden und bei mittlerer Temperatur mit einer Prise Salz in der Butter goldgelb anbraten. (Den Deckel auflegen, um zu verhindern, dass die Schalotte anbrennt und am Topfboden ansetzt.) Die Sahne und die Erbsen hinzufügen, zum Kochen bringen und 2 Minuten kräftig köcheln lassen. Unmittelbar vor dem Servieren die Hälfte der Minzeblättchen unterrühren und bei Bedarf nachwürzen.

Zum Servieren das Röstgemüse in eine hitzefeste Servierschüssel füllen, die Erbsen mit der cremigen Sauce darüber verteilen, dann mit der restlichen Minze, dem Basilikum und der Petersilie bestreuen.

Ofen-Süßkartoffeln, Zucchini, Knoblauch, Haselnuss und Birne mit Chilinote

WARM ODER BEI RAUMTEMPERATUR SERVIEREN

ZUTATEN

1 Knolle Knoblauch, in (ungeschälte) Zehen getrennt

1 kg Süßkartoffeln, gründlich abgeschrubbt, längs in Spalten geschnitten

2 große Birnen, halbiert, vom Kerngehäuse befreit, in dünne Spalten geschnitten

1 oder 2 rote Chilis, in dünne Ringe geschnitten

1 EL Rosmarinnadeln

2 EL Olivenöl

2 EL Sesamöl

3 Zucchini (600 g), beide Enden abgeschnitten, längs geviertelt

100 g Haselnusskerne, Haut entfernt, grob gehackt

100 g Baby-Blattspinat (oder großblättrigen Spinat verwenden und in breite Streifen schneiden)

Ein Salat zum In-die-Mitte-Stellen und Selbstbedienen, wobei er sich auch gut als feine Vorspeise macht, mit großzügig portionierten Klecksen Ziegenquark garniert oder auch mit dünn aufgeschnittenen Scheiben geräucherter Hähnchenbrust. Sie müssen den Knoblauch nicht unbedingt vorkochen, er verliert dadurch jedoch etwas von seiner Schärfe.

[ZUBEREITUNG]

Den Backofen auf 180 °C vorheizen.

Den Knoblauch in einen Topf legen, 3 cm hoch mit Wasser bedecken und ½ TL feines Salz zugeben. Zum Kochen bringen, dann bei mittlerer Temperatur kochen, bis das Wasser fast vollständig verdampft ist, dann abgießen.

Den Knoblauch mit den Süßkartoffeln, den Birnen, den Chilis, dem Rosmarin, dem Olivenöl und der Hälfte des Sesamöls in einen Bräter geben. Mit 1 TL Salz und reichlich frisch gemahlenem schwarzem Pfeffer bestreuen. 45 Minuten im Ofen rösten, währenddessen zweimal vermischen.

Die Zucchini, die Haselnüsse und das restliche Sesamöl hinzufügen und vermischen, dann weiter rösten, bis die Birnen und die Süßkartoffeln durchgegart sind, was etwa 20 Minuten dauert.

Aus dem Ofen nehmen und den Blattspinat untermischen.

Knollensellerie, Satsuma, Birne, Fenchel und Rotkohl

BEI RAUMTEMPERATUR SERVIEREN

ZUTATEN

2 EL Sonnenblumenöl

2 weiße Zwiebeln, geschält und in dünne Ringe geschnitten

2 TL Meersalzflocken

1 große Knolle Sellerie (etwa 750 g), geschält und in 3 cm große Stücke geschnitten

3 feste reife Birnen

2 unbehandelte Satsumas (oder Mandarinen oder Clementinen), ungeschält, halbiert, die Hälften in je 6–8 Stücke geschnitten, die Kerne entfernt

85 ml Zitronensaft

4 EL natives Olivenöl extra

2 Knollen Fenchel, geputzt und in dünne Ringe geschnitten

2 EL Sesamsamen

¼ Kopf Rotkohl (etwa 250 g), Strunk entfernt

Diese Kombination aus Knollensellerie, Mandarinen und Birnen habe ich zum ersten Mal in Istanbul im Muzedechanga *gegessen, einem Restaurant mit wunderschöner Aussicht über den Bosporus, für das – wie auch für sein Schwesterrestaurant* Changa *– ich viele Jahre lang beratend tätig war. Dort werden moderne Versionen traditioneller Gerichte serviert sowie fantastische neue Gerichte, die die Besitzer Tarik und Savas beisteuern. Ich serviere diesen Salat als Teil einer Vorspeise oder eines Hauptgerichts, zusammen mit gegrillter Makrele oder würzigen Lammkoteletts; er schmeckt jedoch genauso köstlich als vegetarische Vorspeise mit Kohl und geröstetem Fenchel.*

[ZUBEREITUNG]

Den Backofen auf 180 °C vorheizen.

Einen mittelgroßen Topf bei mittlerer Temperatur erhitzen. Das Sonnenblumenöl, die Zwiebeln und 1½ TL Meersalzflocken hineingeben. Mit geschlossenem Deckel glasig schwitzen lassen, ohne dass sie Farbe annehmen, bis sie an Volumen verlieren, dabei umrühren.

Den Knollensellerie untermischen und bei leicht reduzierter Temperatur mit geschlossenem Deckel 10 Minuten garen, dabei alle paar Minuten umrühren. Die Birnen halbieren, vom Kerngehäuse befreien, die Hälften in je sechs Stücke schneiden. Zusammen mit den Satsumas, dem Zitronensaft und 2 EL Olivenöl zum Sellerie geben. Gründlich umrühren, die Oberfläche mit einem passgenau zugeschnittenen Stück Backpapier bedecken, den Deckel auflegen und 15–20 Minuten köcheln lassen – gelegentlich umrühren, damit das Gemüse nicht am Topfboden ansetzt –, bis sich ein Messer mit kaum spürbarem Widerstand durch den Sellerie stechen lässt. Im Topf abkühlen lassen, dann abschmecken.

In der Zwischenzeit den Fenchel mit den restlichen 2 EL Olivenöl, den Sesamsamen und ½ TL Salz vermischen. In einem Bräter rösten, bis er karamellisiert, was etwa 20 Minuten dauert, dabei einige Male umrühren.

Den Rotkohl so dünn wie möglich hobeln – dafür eignet sich besonders gut eine Mandoline.

Zum Servieren den Rotkohl mit dem Fenchel mischen, dann abschmecken und auf Tellern anrichten. Den Sellerie behutsam umrühren, bei Bedarf nachwürzen und samt der Sauce auf der Rotkohl-Fenchel-Mischung verteilen.

53

Gerösteter Blumenkohl mit Gewürzen, Knoblauch und Tahini-Joghurt-Dressing

WARM ODER BEI RAUMTEMPERATUR SERVIEREN

ZUTATEN

1 großer Blumenkohl, grüne Blätter und Strunk entfernt

1 rote Chili, gehackt

4 Zehen Knoblauch, geschält und in Scheiben geschnitten

3 EL Sesamsamen

2 EL Schwarzkümmelsamen

4 Kardamomkapseln, Fruchtschalen weggeworfen, Samen zerstoßen

1 EL Olivenöl

1 kleine Handvoll abgezupfte Blättchen Petersilie

1 kleine Handvoll gemischte Gartenkräuter (wie Minze, Basilikum, Estragon)

TAHINI-JOGHURT-DRESSING

2 EL Tahini (Sesampaste)

1 EL Zitronensaft

100 g Naturjoghurt »griechische Art«

½ TL fein abgeriebene unbehandelte Zitronenschale

2 EL Olivenöl

Dieser Salat passt im Grunde zu allem, vom gegrillten Thunfischsteak über Würstchen bis zu Brathähnchen oder geschmorter Lammschulter. Als rein vegetarische Vorspeise den Salat mit Rucolablättern, gerösteten Nüssen und Granatapfelkernen bestreuen oder mit Stücken von im Ofen gerösteten Butternusskürbis anrichten.

[ZUBEREITUNG]

Den Backofen auf 180 °C vorheizen.

Den Blumenkohl in Röschen trennen und mit dem Chili, dem Knoblauch, den Sesamsamen, den Schwarzkümmelsamen, dem Kardamom, dem Olivenöl und etwas Salz in einen Bräter geben. Alles vermischen und unter gelegentlichem Umrühren im Ofen rösten, bis der Blumenkohl an den Rändern bräunt und der Knoblauch eine goldgelbe Färbung annimmt, was etwa 30 Minuten dauert. Falls der Knoblauch zu bräunen beginnt, bevor der Blumenkohl fertig ist, 2 EL Wasser in den Bräter geben. Aus dem Ofen nehmen und abkühlen lassen (falls der Salat nicht warm serviert werden soll).

Die Tahini mit dem Zitronensaft und 5 EL Wasser zu einer dünnflüssigen Sauce verrühren. Den Joghurt, die Zitronenschale und das Olivenöl unterrühren und mit Salz abschmecken.

Zum Servieren den Blumenkohl mit dem Dressing und den Kräutern vermischen.

Gerösteter Blumenkohl mit Saaten, Oliven, Bohnen und Erbsen

WARM ODER BEI RAUMTEMPERATUR SERVIEREN

ZUTATEN

1 großer Blumenkohl, grüne Blätter und Strunk entfernt

1 rote Paprika, Stiel, Samen und Scheidewände entfernt, in Stücke geschnitten

2 EL Sesamsamen

50 g Kürbiskerne

50 g Sonnenblumenkerne

6 Zehen Knoblauch, geschält und in Scheiben geschnitten

2 EL Olivenöl

300 g grüne und schwarze Oliven (mit Stein)

1 gehäufter TL Meersalzflocken

¼ TL frisch gemahlener Pfeffer

150 g gepalte Dicke Bohnen

200 g grüne Bohnen, beidseitig eingekürzt, in 4 cm lange Stücke geschnitten

100 g Erbsen, frisch oder tiefgekühlt und aufgetaut

Dieses Gericht schmeckt warm und bei Raumtemperatur köstlich und profitiert sehr davon, wenn Sie verschiedenfarbigen Blumenkohl verwenden: Ich habe hier grünen Romanesco mit weißem und violettem Blumenkohl kombiniert. Was die Saaten betrifft, können Sie die nehmen, die Sie gerade im Haus haben – sie verleihen dem Salat zusätzlich Crunch. Auch bei den Oliven haben Sie freie Wahl, vermeiden Sie jedoch die bereits entsteinten, das sind erfahrungsgemäß nicht die besten. Falls Sie den Salat warm servieren möchten, schrecken Sie die grünen Bohnen, Erbsen oder Dicken Bohnen nicht ab, sondern mischen Sie sie einfach mit dem Blumenkohl, wenn er aus dem Ofen kommt.

[ZUBEREITUNG]

Den Backofen auf 180 °C vorheizen.

Den Blumenkohl in Röschen schneiden und mit der Paprika, den Saaten, dem Knoblauch, dem Olivenöl und den Oliven in einen großen Bräter geben. Mit 1 gehäuften TL Meersalzflocken und ¼ TL frisch gemahlenem schwarzem Pfeffer würzen. Im Ofen rösten, bis der weiße Blumenkohl eine goldbraune Färbung angenommen hat, was etwa 30 Minuten dauert, dabei alle 10 Minuten umrühren. Aus dem Ofen nehmen und abkühlen lassen.

In der Zwischenzeit einen mittelgroßen Topf zur Hälfte mit Wasser füllen, 1 TL feines Salz hinzufügen und zum Kochen bringen.

Die Dicken Bohnen hineingeben und je nach Größe 2–3 Minuten kochen. Mit einem Sieblöffel aus dem Topf heben und in Eiswasser abschrecken. Sobald sie ausreichend abgekühlt sind, die Bohnen enthäuten.

Die grünen Bohnen ins kochende Wasser geben und 2 Minuten garen, dann die Erbsen hinzufügen und nochmals 1 Minute kochen. In ein Sieb abgießen, einige Minuten in Eiswasser abschrecken, dann erneut abgießen.

Zum Servieren die Dicken Bohnen, die grünen Bohnen und die Erbsen mit dem Blumenkohl vermischen und mit Salz abschmecken.

Grüner Spargel, Mandeln, würzige Wachteleier und Shiitakepilze mit Misodressing

LEICHT GEKÜHLT ODER BEI RAUMTEMPERATUR SERVIEREN

ZUTATEN

1 TL Koriandersamen

½ TL Schwarzkümmelsamen

¼ TL Kreuzkümmelsamen

¼ TL Fenchelsamen

½ TL Meersalzflocken

12 Wachteleier

1 EL Branntweinessig

300 g frische Shiitakepilze, Stiele entfernt und weggeworfen

800 g grüner Spargel

1 Handvoll Blattsalat (ich habe Erbsensprossen verwendet)

1 EL Zitronensaft

100 g Mandelkerne, geröstet und grob gehackt (ich habe die köstlichen spanischen Mandeln der Sorte Marcona verwendet)

MISODRESSING

1 EL Sojasauce

2 EL Mirin (süßer japanischer Reiswein)

1 EL Misopaste (ich habe *shiro miso*, weiße Misopaste, verwendet)

2 TL fein gehackter oder geriebener Ingwer

Ein wirklich attraktiver und eleganter Salat voller Aromen und kontrastierender Konsistenzen. Wachteleier lassen sich nicht besonders gut von der Schale befreien – nehmen Sie Ihre Fingernägel und ein kleines scharfes Messer zu Hilfe –, sind aber unbedingt die Mühe wert. Falls Sie keine bekommen können, nehmen Sie stattdessen Hühnereier und servieren Sie eins pro Person.

[ZUBEREITUNG]

Die Koriander-, Schwarzkümmel-, Kreuzkümmel- und Fenchelsamen in einer Pfanne bei mittlerer Temperatur ohne Fettzugabe leicht anrösten, bis sie aromatisch zu duften beginnen. Abkühlen lassen. ½ TL Meersalzflocken zugeben und die Gewürze in einer Gewürzmühle mahlen oder im Mörser zerstoßen.

Die Wachteleier in einen Topf legen, der so groß ist, dass die Eier nebeneinander in einer Lage hineinpassen. So viel Wasser zugießen, dass sie 3 cm hoch bedeckt sind, dann den Essig hinzufügen, zum Kochen bringen und 3 Minuten kochen lassen. In ein Sieb abgießen, dann 5 Minuten in eine Schüssel Eiswasser legen. Die Eier pellen und in den gemahlenen Gewürzen wälzen.

Für das Misodressing alle Zutaten verrühren, bis sich das Miso aufgelöst hat. Dann 2 EL warmes Wasser einrühren.

In einem mittelgroßen Topf 200 ml Wasser zum Kochen bringen. Die Hälfte der Shiitakepilze in Scheiben schneiden, die andere Hälfte würfeln. Ins kochende Wasser geben, 20 Sekunden gut umrühren, dann in ein Sieb abgießen. 30 Sekunden abtropfen lassen, dann in eine Schüssel füllen und das Misodressing unterrühren. Mit Frischhaltefolie abdecken und zum Marinieren beiseitestellen, nach 10 Minuten erneut umrühren.

Vom grünen Spargel die holzigen Enden entfernen, dann die unteren 3 cm schälen. In kochendem Salzwasser 1½ Minuten blanchieren oder dämpfen, dann in Eiswasser abschrecken und abtropfen lassen.

Zum Servieren den Spargel und den Blattsalat mit dem Zitronensaft mischen und auf Tellern anrichten. Erst die Pilze mit der Marinierflüssigkeit, dann die Wachteleier darauf verteilen und den Salat mit den Mandeln bestreuen.

ZUTATEN

2 EL Korinthen

2 EL Sherryessig

500 g festkochende kleine Kartoffeln oder Drillinge, halbiert

4 Zehen Knoblauch, geschält und in dicke Scheiben geschnitten

200 g gemischte Oliven

1 TL Kreuzkümmelsamen

½ TL Fenchelsamen

½ TL geräuchertes Paprikapulver (Pimentón de la Vera)

1 TL Thymian

2 EL Olivenöl

1 TL Meersalzflocken

500 g Patissonkürbis, Stiele entfernt

30 g Butter

8 Salbeiblätter, zerzupft

150 g Pfifferlinge, abgebürstet

100 g Baby-Blattspinat (ich habe zur Hälfte Grünkohl verwendet)

FÜR 6 PERSONEN ALS VORSPEISE

Patissonkürbis, Oliven und Röstkartoffeln, Pfifferlinge und Sherryessig-Korinthen

WARM ODER BEI RAUMTEMPERATUR SERVIEREN

Wenn Wildpilze Saison haben, ist allein das schon ein triftiger Grund, sie in absolut jedem herzhaften Gericht zu verwenden, das auf dem Speiseplan steht. Die besten Pilze, die wir am Tag dieser Fotoaufnahmen auf dem Markt bekamen, waren Pfifferlinge, die Sie jedoch durch jeden anderen Wildpilz ersetzen können. Falls Sie keine Wildpilze bekommen, verwenden Sie Zuchtpilze wie Austernpilze oder Shiitake, auch Egerlinge eignen sich gut. Sie können frische Pilze zur Abwechslung auch durch getrocknete ergänzen – sie müssen nur eingeweicht und gründlich abgespült werden, damit es beim Essen nicht zwischen den Zähnen knirscht. Ich liebe den Patissonkürbis, der wie eine fliegende Untertasse aussieht, wobei Sie auch Zucchini verwenden können, wenn Sie keine Patissons finden. Als Vorspeise oder als Beilage zu einem Hauptgericht servieren.

[ZUBEREITUNG]

Den Backofen auf 170 °C vorheizen.

Die Korinthen mit dem Sherryessig und 2 EL Wasser in einen kleinen Topf geben. Bei mittlerer Temperatur zum Kochen bringen. Den Deckel auflegen, 2 Minuten kochen, dann den Herd ausschalten und den Topf beiseitestellen.

Die Kartoffeln mit dem Knoblauch in einen Topf geben, mit Wasser bedecken, 1 TL feines Salz hinzufügen und zum Kochen bringen. 5 Minuten kochen lassen, dann in ein Sieb abgießen. Mit den Oliven, den Kreuzkümmel- und den Fenchelsamen, dem geräucherten Paprikapulver, dem Thymian, dem Olivenöl und 1 TL Meersalzflocken in einen Bräter geben. 1 oder 2 von den Kürbissen in Spalten schneiden und ebenfalls in den Bräter legen. Etwa 25 Minuten im Ofen rösten, bis die Kartoffeln gar sind und Farbe angenommen haben, dabei einige Male umrühren. (Die Kartoffeln dürfen gern etwas zu lange garen.)

Den restlichen Kürbis in 5 mm dicke Scheiben hobeln und 2 Minuten in kochendem Salzwasser blanchieren (oder dampfgaren), dann abgießen und beiseitestellen.

Die Butter in einer Pfanne erhitzen, bis sie hörbar brutzelt, dann den Salbei und die Pilze hinzufügen. Bei mittlerer Temperatur anschwitzen, bis die Pilze an Volumen verlieren und weich werden, währenddessen gelegentlich umrühren. Die Korinthen mit der Einweichflüssigkeit zugeben. Mit Salz und grob gemahlenem schwarzem Pfeffer würzen.

Zum Servieren den Baby-Blattspinat und den blanchierten Kürbis mit den heißen Kartoffeln mischen und auf Tellern anrichten. Die Pilze darüber verteilen.

Kohlrabi, Wassermelone, Tofu, Zuckerschoten, Curryblätter und kandierte Walnüsse

BEI RAUMTEMPERATUR SERVIEREN

ZUTATEN

100 g Walnusskerne in Hälften

50 g dunkelbrauner »Melasse«-Zucker (Muscovado- oder Demerarazucker oder eine dunkle Honigsorte oder Zuckersirup)

Öl zum Frittieren

350 g Seidentofu

2 EL Maisstärke (oder Reis- oder Weizenstärke)

3 EL abgezupfte Curryblätter

1 mittelgroßer Kohlrabi (300 g), geschält und fein geraspelt oder in Julienne-streifen geschnitten

1 kg Wassermelone, Schale entfernt (etwa 700 g Fruchtfleisch), in Würfel geschnitten

100 g Zuckerschoten, blanchiert, abgeschreckt und schräg in drei Teile geschnitten

2 EL klein geschnittener Dill

2 EL Zitronensaft

3 EL natives Olivenöl extra

Meersalzflocken

Kohlrabi kenne ich aus meiner Kindheit – meine Oma war eine begeisterte Gärtnerin und baute sie an. Damals verspeisten wir sie immer gedünstet und in Butter geschwenkt, tatsächlich schmecken sie roh sogar noch besser, wenn sie schön knackig sind. Das Kandieren der Walnüsse lohnt sich wirklich sehr; falls jedoch die Zeit knapp ist, können Sie sie auch durch geröstete Nüsse ersetzen – wobei die kandierten Nüsse 2 Wochen in einem luftdicht verschlossenen Behälter haltbar sind und daher im Voraus zubereitet werden können. Falls Sie keine Curryblätter bekommen können, nehmen Sie stattdessen Petersilie oder Basilikum, die jedoch sehr viel schneller garen, daher sollten Sie ein Auge darauf haben, dass die Kräuter nicht verbrennen.

[ZUBEREITUNG]

Die Walnüsse in einen Topf geben und mit Wasser bedecken. Zum Kochen bringen, 1 Minute kochen lassen, dann in ein Sieb abgießen und abspülen. Wieder in den Topf füllen und so viel Wasser zugießen, dass sie 3 cm hoch bedeckt sind. Den Zucker hinzufügen, zum Kochen bringen, dann die Temperatur so weit reduzieren, dass alles blubbernd köchelt. Unter häufigem Rühren einkochen lassen, bis die Flüssigkeit nur noch 1 cm hoch im Topf steht. In ein Sieb abgießen. Auf einem mit Backpapier ausgelegten Backblech ausbreiten und über Nacht bei Raumtemperatur trocknen lassen.

Am nächsten Tag den Backofen auf 140 °C vorheizen. Die Nüsse vom Backpapier nehmen – falls einige so sehr daran kleben, dass sie sich nicht ablösen lassen, müssen sie auf ein frisches Stück Backpapier gelegt werden. Im Ofen 25 Minuten rösten; zu diesem Zeitpunkt sind sie klebrig und beginnen, Farbe anzunehmen. Nach der Hälfte der Zeit die Nüsse durchmischen. Sobald die Klebrigkeit nachlässt, die Ofentemperatur auf 160 °C erhöhen und mit dem Rösten fortfahren, bis sie das typische Röstaroma freisetzen, was nochmals etwa 15 Minuten dauert. Den Backofen ausschalten und die Nüsse darin abkühlen lassen, dann vom Backblech nehmen, zusammenklebende Nüsse voneinander trennen und zum Aufbewahren in einen luftdicht verschließbaren Behälter füllen. Falls sie noch feucht erscheinen, etwas länger rösten.

Das Pflanzenöl 5 cm hoch in einen Wok oder einen Topf gießen und auf 180 °C erhitzen. Den Tofu in Würfel schneiden, auf saugfähiges Küchenpapier legen und mit mehr Küchenpapier abtupfen. (Dadurch wird überschüssige Feuchtigkeit entfernt, wodurch der Tofu später beim Frittieren weniger spritzt.) Für 5 Minuten stehen lassen, dann in eine Schüssel legen und mit der Maisstärke bestreuen, dann die überschüssige Maisstärke abschütteln.

Die Hälfte des Tofus vorsichtig ins Öl gleiten lassen, dabei darauf achten, dass zwischen den Würfeln genug Abstand bleibt, damit sie nicht aneinanderkleben. Frittieren, bis sie sich goldgelb färben, dabei sanft im Öl bewegen. Zum Abtropfen auf saugfähiges Küchenpapier legen, dann den restlichen Tofu frittieren.

Sobald der gesamte Tofu frittiert ist, den Herd ausschalten und das Öl 3 Minuten lang abkühlen lassen. Die Curryblätter ins Öl geben, die geräuschvoll zu brutzeln beginnen und etwas spritzen werden, dann etwas umrühren, mit einem Sieblöffel aus dem Öl heben, sobald das Brutzeln aufgehört hat, und auf Küchenpapier abtropfen lassen.

Zum Servieren den Tofu mit dem Kohlrabi, der Wassermelone, den Zuckerschoten, dem Dill, dem Zitronensaft und dem Olivenöl vermischen und mit den Meersalzflocken abschmecken. Auf Teller verteilen und mit den Curryblättern und den Walnüssen bestreuen.

Lauch in Vinaigrette, in der Salzkruste gebackene Karotten und Pastinaken, Estragon und Sonnenblumenkerne

BEI RAUMTEMPERATUR SERVIEREN

ZUTATEN

800 g Lauch (etwa 4 mittelgroße Stangen)

3 EL Senf (ich habe eine
Mischung aus englischem und
körnigem Senf verwendet)

3 EL heller Essig (Apfel-,
Weißwein- oder Reisessig)

1 TL Meersalzflocken

75 ml (5 EL) Sonnenblumenöl
oder mildes Olivenöl

600 g Karotten (4 oder
5 Stück; ich habe verschiedenfarbige verwendet)

300 g Pastinaken (etwa
3 Stück)

6 Zweige (oder 1 TL abge-
zupfte Blättchen) Thymian

2 TL Rosmarinnadeln

4 Zehen Knoblauch, geschält
und in Scheiben geschnitten

500 g grobes Salz

2 Zweige Estragon, Blättchen
abgezupft

3 EL Sonnenblumenkerne,
geröstet

Ich kann mich noch lebhaft erinnern, wann ich zum ersten Mal Lauch in Vinaigrette gegessen habe, das war 1996 auf dem Pariser Friedhof Père Lachaise. Ich wollte die Gräber von Oscar Wilde, Edith Piaf und Chopin besuchen und hatte vorher in einem Feinkostladen haltge-macht, um Rillettes und Brot zu kaufen, als mir der Lauch in Vinaigrette ins Auge fiel. Es war Liebe auf den ersten Blick. Die Karotten und Pasti-naken in der Salzkruste liegen gerade sehr im Trend, auch wenn Sie vielleicht – so wie ich – Ihren Fisch schon seit Jahren auf diese Weise im Ganzen zubereiten, ohne sich überhaupt bewusst zu sein, damit Ihrer Zeit voraus zu sein. Erstaunlicherweise erhält das Gemüse bei dieser Zu-bereitungsart ein intensives, jedoch nicht zu salziges Aroma – vorausge-setzt, die Schale bleibt intakt, sonst dringt das Salz ins Fruchtfleisch ein.

[ZUBEREITUNG]

Den Lauch idealerweise 12 Stunden vor dem geplanten Verzehr zubereiten. Dazu den Lauch putzen und das untere Ende direkt über den Wurzeln abschneiden. Die Blätter dort abtrennen, wo die Lauchstange locker auseinanderfällt und Sand und Erde eindringen können. Dieser dunkelgrüne Teil kann anderweitig (für Fonds, Suppen oder Aufläufe) verwendet werden, für dieses Rezept eignet er sich nicht gut. Alle beschädigten Außenblätter entfernen und den Lauch gründlich waschen. Es sollten noch etwa 600 g übrig sein. Den Lauch in 10–15 cm lange Stücke schneiden. Dampf-garen oder in Salzwasser kochen, bis sich ein scharfes Messer gerade eben durch die Mitte stechen lässt, was etwa 9 Minuten dauert. Mithilfe einer Küchenzange vorsich-tig herausnehmen und 1 Minute in einem Sieb abtropfen lassen.

Während der Lauch gart, die Senfvinaigrette herstellen. Dazu den Senf und den Essig mit 1 TL Meersalzflocken und ¼ TL grob gemahlenem schwarzem Pfeffer aufschlagen, dann das Öl unterschlagen.

Den abgetropften Lauch noch heiß in ein säurebeständiges Gefäß legen, in das er ge-rade eben hineinpasst. Mit der Senfvinaigrette übergießen, nach einer Stunde wenden. Nach dem Abkühlen in den Kühlschrank stellen. Mindestens 12 Stunden marinieren.

Den Backofen auf 190 °C vorheizen.

Die Karotten und die Pastinaken leicht abreiben, um sie von anhaftender Erde zu be-freien, dabei aufpassen, dass die Schalen nicht beschädigt werden. Den Thymian, den Rosmarin, den Knoblauch und das Salz vermischen und ein Viertel der Mischung auf dem Boden einer Auflaufform verteilen, die gerade eben groß genug ist, um die Karotten und Pastinaken in einer Lage nebeneinander aufzunehmen. Das Gemüse darauflegen und mit der restlichen Salzmischung bedecken, diese gleichmäßig an-drücken. Im Ofen backen, bis die Karotten mit einem scharfen Messer durchstochen werden können, was je nach Größe etwa 40 Minuten dauert. So weit abkühlen lassen, dass Sie sie anfassen können. Dann die Karotten und Pastinaken aus dem Salz neh-men, noch anhaftendes Salz abwischen und alles an Schale abrubbeln, was sich abrubbeln lässt. Beidseitig einkürzen, dann schräg in dicke Scheiben schneiden.

Zum Servieren den Lauch mit dem Wurzelgemüse auf Tellern anrichten und mit der Senfvinaigrette beträufeln. Mit den Estragonblättern und den Sonnenblumenkernen bestreuen.

Knusprig gebackene Wasabipilze, Blattspinat, Tomate, Orange, Dill und geriebenes Ei

WARM ODER BEI RAUMTEMPERATUR SERVIEREN

ZUTATEN

8 Portobellopilze (Riesen-champignons; etwa 600 g)

70 g Butter

2 Zehen Knoblauch, geschält und fein gehackt

½ TL fein gehackte Rosmarin-nadeln

1½ TL Wasabipaste (Menge nach Belieben anpassen)

150 g grobe Semmelbrösel (oder japanisches Pankomehl)

3 große Tomaten, blanchiert und geschält

2 Orangen, geschält und weiße Haut entfernt, Filets zwischen den Trennhäuten herausgeschnitten, Saft aufgefangen

3 EL grob gehackter Dill

1 EL natives Olivenöl extra

150 g Baby-Blattspinat oder anderer Baby-Blattsalat

4 große Bio-Eier, weich gekocht und geschält

Als Kind habe ich die großen Wiesenchampignons mit den geöffneten Hüten immer in Scheiben geschnitten und in Butter gebraten oder vom Grill gegessen, nachdem wir sie frisch geerntet hatten. Bruce, mein Vater, fuhr mit unserem riesigen karamellbraunen Chevrolet Impala in langsamem Tempo quer über die Felder verschiedener Landwirte, während meine Geschwister und ich hinter den Vordersitzen auf dem Bauch lagen, die Köpfe, Schultern und Arme ragten hinten aus dem Auto hinaus, und die Pilze aus dem Boden zogen. Ein Riesenspaß – und zum Glück war unser Vater ein sehr sicherer Fahrer! Falls Sie kein Wasabi zur Hand haben, können Sie es durch Senf oder Meerrettich ersetzen. Es lohnt sich, für diese Salsa die Tomaten zu häuten; falls die Zeit drängt, können Sie diesen Schritt jedoch auch überspringen.

[ZUBEREITUNG]

Den Backofen auf 170 °C vorheizen. Falls die Pilze dicke Stiele haben, diese heraus-schneiden und in dünne Scheiben schneiden. Falls sie eine dicke Haut haben, die Haut abziehen. Die Pilze nebeneinander mit der offenen Seite nach oben in ein oder zwei Auflaufformen legen. Die Butter in einer Pfanne erhitzen und den Knoblauch und den Rosmarin mit den (falls verwendet) in Scheiben geschnittenen Pilzstielen bei mittlerer Temperatur anschwitzen, bis sich der Knoblauch goldgelb färbt, dabei häufig umrühren. Die Pfanne vom Herd nehmen. Die Wasabipaste mit 1 EL Wasser zu einer dünnflüs-sigen Sauce verrühren und unter die Buttermischung rühren. Die Semmelbrösel gründ-lich untermischen. Die Mischung auf den Pilzen verteilen und etwa 20 Minuten backen, bis die Kruste eine goldbraune Farbe annimmt.

Die Tomaten quer halbieren und behutsam die Samen herausdrücken oder mit einem Teelöffel herausschaben. Das Tomatenfruchtfleisch in Stücke schneiden und mit den Orangenfilets und dem -saft mischen. Den Dill und das Olivenöl hinzufügen, mit Salz und grob gemahlenem schwarzem Pfeffer würzen und vermischen.

Zum Servieren den Spinat auf Tellern anrichten, die Pilze daraufsetzen. Die Tomaten und Orangen darüber verteilen und die Eier mit einer groben Reibe darüberreiben.

Kirschen, Kirschtomaten, Orange, Fenchel, Macadamianüsse und Koriandergrün

BEI RAUMTEMPERATUR SERVIEREN

ZUTATEN

300 g Süßkirschen, entsteint und halbiert

400 g Kirschtomaten, halbiert

1 Orange, Schale und weiße Innenhaut entfernt

2 Knollen Fenchel, geputzt (etwa 500 g)

2 EL natives Olivenöl extra

½ TL Meersalzflocken

50 g Macadamianusskerne, geröstet

¼ TL Fenchelsamen, leicht geröstet

2 Handvoll Baby-Blattspinat (oder anderer Blattsalat)

1 kleine Handvoll Koriandergrün, Blättchen abgezupft und Stängel klein geschnitten

Es ist wichtig, dass die Kirschen wirklich süß und reif sind, sonst sind sie nicht das Highlight, das sie sein könnten – bereiten Sie diesen Salat also am besten im Sommer zu. Ich liebe das Buttrige der Macadamianüsse, Sie können sie aber auch durch Cashewkerne, Mandeln oder Pinienkerne ersetzen. Der Salat eignet sich auch gut als Hauptgericht, wenn Sie ihn mit pochiertem Hähnchenbrustfilet, gedämpftem Fisch oder in dicke Scheiben geschnittener, gegrillter und mit Feta bestreuter Aubergine servieren.

[ZUBEREITUNG]

Die Kirschen und Kirschtomaten in eine große Schüssel geben.

Die Filets zwischen den Trennwänden der Orangen herausschneiden und halbieren. Zusammen mit dem aus den Trennhäuten ausgepressten Saft zu den Kirschen geben.

Den Fenchel schräg in möglichst dünne Scheiben hobeln und zu den Kirschen geben. Das Olivenöl und ½ TL Meersalzflocken hinzufügen.

Die Macadamianusskerne und die Fenchelsamen im Mörser grob zerstoßen.

Zum Servieren den Blattspinat und die Koriandergrünstiele zur Kirschmischung geben und vermischen. Auf einer Platte oder auf Tellern anrichten und mit den zerstoßenen Macadamianüssen und Fenchelsamen und dem Koriandergrün bestreuen.

Grüne Papaya, grüne Mango, Chili, Kokosnuss, Limette und Tofu

LEICHT GEKÜHLT ODER BEI RAUMTEMPERATUR SERVIEREN

ZUTATEN

4 EL heller Palmzucker, gerieben (oder unraffinierter extrafeiner Zucker oder Demerarazucker)

2 TL fein abgeriebene unbehandelte Limettenschale

2 Zehen Knoblauch, geschält und fein gehackt

120 ml Limettensaft

350 g Seidentofu (falls fester Tofu verwendet wird, diesen fein reiben)

1 mittelgroßes Bund Koriandergrün, Blättchen in Streifen geschnitten, Stiele gehackt (falls sich Wurzeln am Bund befinden, diese abwaschen, fein hacken und ebenfalls verwenden, sie schmecken köstlich)

1 grüne Papaya (à 500 g), geschält, halbiert, Kerne entfernt und das Fruchtfleisch in Juliennestreifen geschnitten

2 grüne Mangos, geschält, Fruchtfleisch vom Kern gelöst, in breitere Streifen oder Juliennestreifen geschnitten

2 mittelscharfe grüne Chilis, fein gehackt (Menge nach Belieben anpassen; eine gewisse Schärfe ist hier erwünscht)

2 Frühlingszwiebeln, in dünne Ringe geschnitten

40 Blättchen Minze, in feine Streifen geschnitten

Meersalzflocken

100 g Kokosfruchtfleisch, grob geraspelt und leicht geröstet (siehe Seite 13)

Dieser äußerst erfrischende Salat macht sich sehr gut als erster Gang eines Menüs oder Teil eines Hauptgerichts, genauso gut jedoch gekrönt von in Scheiben geschnittenem rohem Fisch, in Begleitung von kaltem pochiertem Hähnchen oder gebratener Ente oder sogar zu einem Schinkenbraten. Grüne Papayas und Mangos sind in Geschäften mit südostasiatischem Lebensmittelangebot erhältlich, können jedoch durch knackiges Gemüse wie Kohlrabi, Knollensellerie, Salatgurke (kleine Exemplare sind gewöhnlich knackiger) oder auch Äpfel und Nashibirnen ersetzt werden. Grüne Papayas können in der Größe variieren, für den Salat ist es jedoch nicht entscheidend, ob etwas mehr oder weniger verwendet wird. Eine Mandoline ist sehr hilfreich, um die Früchte in Juliennestreifen zu hobeln. Falls Sie keine ganze Kokosnuss bekommen können, kaufen Sie stattdessen nicht zu kurz geraspelte Kokosnuss oder Kokoschips. Wenn Sie sich nicht vegetarisch ernähren, probieren Sie auch einmal Fischsauce statt Salz als Würze – köstlich!

[ZUBEREITUNG]

Für das Dressing den Palmzucker mit der Limettenschale, dem Knoblauch und 2 EL vom Limettensaft im Mörser zerstoßen, bis sich der Zucker auflöst. Den Tofu mit der Hand in den Mörser bröseln, dann den restlichen Limettensaft untermischen. Die Hälfte des Koriandergrüns unterrühren und bei Raumtemperatur durchziehen lassen.

In einer großen Schüssel das restliche Koriandergrün, die Papaya, die Mango, die Chilis, die Frühlingszwiebeln und die Minze vermischen. Ein Drittel des Tofudressings hinzufügen und untermischen. Probieren und nach Belieben mit Meersalzflocken nachwürzen.

Zum Servieren den Salat auf Teller verteilen. Mit dem restlichen Tofudressing beträufeln und mit dem Kokosfruchtfleisch bestreuen.

Salate mit Gemüse und Körnern

KAPITEL 3

Aubergine, Quinoa, Römersalat, Tomate und Pistazien

BEI RAUMTEMPERATUR SERVIEREN

ZUTATEN

1 große Aubergine
(etwa 450 g)

75 ml (5 EL) Olivenöl

1 unbehandelte Zitrone

250 g Quinoa, abgespült
und abgetropft

2 Römersalate

1 EL Balsamico-Essig

2 EL körniger Senf

1 mittelgroßes Bund Koriandergrün inklusive Stängel, einige
Blättchen zum Garnieren bei-
seitegelegt, der Rest gehackt

3 Tomaten (etwa 350 g),
gewürfelt

100 g Pistazienkerne, leicht
geröstet

Quinoa ist ein sehr vielseitig einsetzbares Korn, da es, wie Hirse, keine lange Garzeit benötigt und so eine unkomplizierte Ergänzung jeder Mahlzeit darstellt. Außerdem ist es sehr nährstoffreich. In diesem Rezept habe ich eine Mischung aus roter und weißer Quinoa verwendet, was für eine ansprechende Optik sorgt. Wählen Sie Tomaten mit unterschiedlichen Farben und Formen aus und variieren Sie auch die Salatsorte, wenn Sie möchten.

[ZUBEREITUNG]

Den Backofengrill vorheizen.

Von der Aubergine den Stiel abschneiden, die Aubergine der Länge nach in sechs Scheiben schneiden. Die Hälfte der Scheiben auf einem Schneidbrett übereinanderstapeln und nochmals der Länge nach in sechs lange Stäbchen (pro Scheibe) schneiden. Die restlichen drei Scheiben genauso zerkleinern. Die Stäbchen auf ein Backblech oder in einen Bräter legen, mit 3 EL Olivenöl beträufeln und mit Salz bestreuen. Unter dem Grill goldbraun grillen, dabei einige Male wenden. Sie sind fertig, wenn sie sich zwischen zwei Fingern fast zerdrücken lassen. Aus dem Ofen nehmen und abkühlen lassen. Währenddessen die Schale von einer Hälfte der Zitrone darüberreiben und mit wenig Salz und frisch gemahlenem schwarzem Pfeffer würzen.

In einem großen Topf 1 l Wasser zum Kochen bringen und die Quinoa hineingeben. 9–12 Minuten kochen, dann besitzt die Quinoa eine weichere Konsistenz, aber auch noch etwas Biss. In ein feines Sieb abgießen und abkühlen lassen.

Vom Römersalat den Strunk abschneiden und eventuell beschädigte Außenblätter entfernen. In einzelne Blätter trennen, diese waschen und gut abtropfen lassen.

Die Zitrone auspressen und den Saft mit dem restlichen Olivenöl, dem Balsamico-Essig, dem Senf und etwas Salz vermischen.

Zum Servieren alle Zutaten bis auf das Dressing und die Pistazienkerne vermischen und auf einer Platte anrichten. Mit dem Dressing übergießen und mit den Pistazienkernen bestreuen.

Quinoa, pochierter Tofu und Shiitakepilze, geröstete Rote Bete, Wasabi, Radicchio, knusprige Kapern und Curryblätter

BEI RAUMTEMPERATUR SERVIEREN

ZUTATEN

300 g Baby-Rote-Bete, behutsam abgewaschen (falls die Roten Bete bundweise mit Grün gekauft werden, etwa 700 g kaufen)

½ TL fein abgeriebene unbehandelte Orangenschale

1 EL Orangensaft

1–2 TL Wasabipaste

1 EL natives Olivenöl extra

Pflanzenöl zum Frittieren

20 Curryblätter

200 g Quinoa

5 cm Ingwer, geschält und in dünne Scheiben geschnitten

2 EL Sojasauce

300 g Seidentofu, in 1,5 cm große Würfel geschnitten

100 g Shiitakepilze, Stiele entfernt, Hüte in Spalten geschnitten

2 Köpfe Radicchio oder Chicoree, in Blätter getrennt, gewaschen und abgetropft

1 EL in Salz (oder Lake) eingelegte Kapern, abgespült und trocken getupft

Pochieren oder Dampfgaren verleiht Tofu eine ganz besondere Konsistenz. Verwenden Sie Seidentofu anstelle des festen gelben Tofus, er fügt sich viel harmonischer in diesen Salat ein. Falls Sie keinen frischen Seidentofu finden können, kaufen Sie ihn im Tetra Pak – die 300–350 g schweren Päckchen sind gewöhnlich von guter Qualität. Entscheiden Sie sich idealerweise für Rote Bete mit Grün, da diese frischer und die Blätter zudem essbar sind, sie können wie Blattspinat zubereitet werden. Falls Sie die einzelnen Komponenten nicht frittieren können, kaufen Sie Rote-Bete-Chips und verwenden Sie die Kapern abgespült und trocken getupft. Nehmen Sie in Streifen geschnittene Blättchen von glatter Petersilie, Minze oder Basilikum anstelle der knusprigen Curryblätter – auch wenn es nicht dasselbe ist, sind sie doch ein wirklich guter Ersatz.

[ZUBEREITUNG]

Den Backofen auf 190 °C vorheizen. Alle außer einer Roten Bete wie ein Päckchen in je eine doppelte Lage Aluminiumfolie einwickeln und backen, bis sich ein Spieß vollständig durch die Rote Bete stechen lässt. Bei Roten Beten von der Größe eines Golfballs dauert dies etwa 40 Minuten.

Aus dem Ofen nehmen und abkühlen lassen, dann die Schale abziehen (wenn Sie Rote Beten verwenden, tragen Sie am besten Haushaltshandschuhe zum Schutz gegen intensiv rote Flecken auf der Haut). In 5 mm dicke Scheiben schneiden und mit der Orangenschale, dem Orangensaft, dem Wasabi und dem Olivenöl vermischen.

In einer mittelgroßen Pfanne 3 cm hoch Pflanzenöl gießen und auf 160 °C erhitzen. Die beiseitegelegte Rote Bete schälen und in möglichst dünne Scheiben hobeln (hier leistet eine Mandoline gute Dienste). Die Hälfte der Rote-Bete-Scheiben einzeln ins heiße Öl gleiten lassen, damit sie nicht aneinanderhaften, und frittieren, dabei behutsam wenden, bis sie knusprig sind. Mit einem Sieblöffel herausheben und auf Küchenpapier abtropfen lassen. Noch warm mit wenig Salz würzen, dann die restlichen Scheiben ebenso frittieren. Die Curryblätter auf dieselbe Weise frittieren, abtropfen lassen und beiseitestellen.

Nun die Quinoa garen. Dazu einen mittelgroßen Topf zur Hälfte mit Wasser füllen und zum Kochen bringen. Die Quinoa in ein feines Sieb geben und 15 Sekunden unter fließendem heißem Wasser abspülen.

[REZEPT WIRD FORTGESETZT...]

[REZEPT WIRD FORTGESETZT ...]

(dadurch wird die bittere Note etwas gemildert), dann ins kochende Wasser geben. 9–12 Minuten kochen, sodass die Körnchen weicher geworden sind, jedoch noch etwas Biss haben. In ein feines Sieb abgießen und abkühlen lassen.

In einem mittelgroßen Topf den Ingwer und die Sojasauce mit 500 ml Wasser erhitzen, bis alles sanft köchelt. Die Tofuwürfel zusammen mit den Shiitakepilzen vorsichtig in die kochende Flüssigkeit gleiten lassen. Erneut bis knapp unter den Siedepunkt erhitzen, dann die Temperatur senken, bis die Flüssigkeit nur noch leise köchelt, und bei geschlossenem Deckel 3 Minuten pochieren, nach der Hälfte der Zeit sanft umrühren. Den Herd ausschalten und 15 Minuten in der Flüssigkeit abkühlen lassen. Vorsichtig in ein Sieb abgießen und abtropfen lassen. Die Pochierflüssigkeit kann aufgefangen, abgekühlt, eingefroren und zu einem späteren Zeitpunkt für einen Fond verwendet werden.

Zum Servieren die Quinoa mit den Radicchioblättern vermischen und mit Salz abschmecken. Die marinierten Rote-Bete-Scheiben zusammen mit der Marinade darauf verteilen. Den Tofu, die Shiitakepilze und den Ingwer darüberstreuen und zum Schluss mit den Rote-Bete-Chips, den Kapern und den Curryblättern garnieren.

Kichererbsen, gegrillter Brokkoli und grüner Spargel mit Chilitrauben und Bagel-Croûtons

BEI RAUMTEMPERATUR SERVIEREN

ZUTATEN

175 g getrocknete Kicher-
erbsen

2 TL Natron

1 Lorbeerblatt (oder ein paar
frische Zweige Thymian,
Oregano oder Rosmarin)

85 g Naturjoghurt »griechische Art«

½ TL Meersalzflocken

2 Bagels, nicht mehr ganz
frisch (oder 3 Scheiben Brot,
in 2 cm große Quadrate
geschnitten)

2 EL + 1 TL natives Olivenöl
extra

200 g blaue und weiße
Trauben

½ mittelscharfe rote Chili, fein
gehackt, inklusive der Samen
(Menge nach Belieben)

3 EL Verjus (Saft aus unreif
geernteten Trauben; oder 2 EL
Apfelessig oder Reisessig plus
1 EL Wasser)

250 g Brokkoli (etwa 1 Kopf)

600 g grüner Spargel (etwa
300 g nach dem Putzen)

1 kleine Handvoll Brunnenkresse, Feldsalat oder Rucola

20 Blättchen Minze, zerzupft

Getrocknete Kichererbsen sind sehr einfach zu kochen, sie müssen vor dem Kochen lediglich über Nacht in Wasser und Natron eingeweicht werden – falls dies jedoch zeitlich nicht möglich sein sollte, können Sie immer noch Kichererbsen aus der Dose nehmen. Ich habe für diesen Salat Brokkoli und grünen Spargel verwendet, weil sie gerade Saison hatten, als wir die Aufnahmen für dieses Buch machten, Sie können aber auch Mais, Kürbis, Karotten, Aubergine oder ein beliebiges anderes Gemüse nehmen. Die Bagel-Croûtons sorgen für willkommenen Biss und Crunch – sollten Sie unter einer Glutenunverträglichkeit leiden, verwenden Sie lieber glutenfreies Brot, als ganz auf Brot zu verzichten. Dieser Salat kann als Vorspeise oder als Beilage zu einer Mahlzeit serviert werden.

[ZUBEREITUNG]

Zuerst die Kichererbsen zubereiten. Dazu am Vortag beginnen: Die Kichererbsen mit dem Natron in eine große Schüssel geben und mit 1 l kaltem Wasser bedecken. Mit Frischhaltefolie abdecken und 12 Stunden quellen lassen. Danach abgießen und unter kaltem Wasser gründlich abspülen. Zusammen mit 1 l Wasser in einen mittelgroßen Topf geben und langsam zum Kochen bringen, dabei den an die Oberfläche steigenden Schaum abschöpfen. Die Temperatur senken und weiteren Schaum entfernen, dann das Lorbeerblatt hinzufügen und 30–45 Minuten kochen, je nach Größe der Kichererbsen. Darauf achten, dass sie immer mindestens 1 cm hoch mit Wasser bedeckt sind. Um zu prüfen, ob die Kichererbsen gar sind, nach 30 Minuten eine probieren. In ein Sieb abgießen und kurz unter kaltem Wasser abspülen. Abtropfen lassen, dann mit dem Joghurt in eine Schüssel geben. ½ TL Meersalzflocken und etwas frisch gemahlenen schwarzen Pfeffer hinzufügen und alles vermischen.

Für die Croûtons den Backofen auf 160 °C vorheizen. Die Bagels in 5 mm dicke Scheiben schneiden, mit 1 EL Olivenöl vermischen und auf einem Backblech ausbreiten. Goldgelb und knusprig backen, die Scheiben nach 15 Minuten wenden. Wenn sie fertig sind, aus dem Ofen nehmen und abkühlen lassen. Sie lassen sich eine Woche in einem luftdicht verschließbaren Behälter aufbewahren.

Um die Trauben zum Platzen zu bringen, diese mit 2 TL Olivenöl in einen mittelgroßen Topf geben und bei mittlerer Temperatur erhitzen. So lange braten, bis sich Bläschen bilden, währenddessen sanft umrühren. Wenn bei den meisten Trauben die Schale aufgeplatzt ist, die Chili, den Verjus und 2 Prisen Salz zugeben. Zum Kochen bringen, dann den Deckel auflegen, den Herd ausschalten und abkühlen lassen.

[REZEPT WIRD FORTGESETZT...]

[REZEPT WIRD FORTGESETZT...]

Den Brokkoli in Röschen teilen, dabei möglichst viel vom Stängel erhalten. In leicht gesalzenem Wasser 1 knappe Minute blanchieren. Abgießen, in Eiswasser abschrecken und abtropfen lassen. In eine Schüssel umfüllen.

Nun den Spargel zubereiten. Dazu die Enden an der Stelle abknicken, an der sie von selbst brechen – hier beginnt der faserige und holzige Teil. Mit einem Sparschäler die unteren 5 cm schälen. Den Spargel erst mit dem blanchierten Brokkoli, dann mit 2 TL Öl vermischen.

Eine Pfanne mit schwerem Boden bei hoher Temperatur erhitzen, dann den Spargel und den Brokkoli darin anbraten, bis sie Farbe angenommen haben, dabei immer wieder wenden, dann zum Abkühlen auf einen Teller legen. Die Spargelstangen schräg halbieren.

Zum Servieren den Blattsalat auf Tellern verteilen, den Brokkoli und den grünen Spargel darauf anrichten. Die Minze unter die Kichererbsen mischen, dann auf das Gemüse geben. Mit den Croûtons bestreuen, dann die Trauben samt Flüssigkeit darüber verteilen.

Puy-Linsen, Quinoa, mit Granatapfel geröstete Trauben und Tomaten, Chili, Minze und Basilikum

WARM ODER BEI RAUMTEMPERATUR SERVIEREN

ZUTATEN

200 g blaue und weiße Trauben

200 g Kirschtomaten (in verschiedenen Farben)

1 Bananenschalotte, geschält und in dünne Scheiben geschnitten

½ mittelscharfe rote Chili (inklusive Samen), gehackt

2 EL Granatapfelsirup

4 EL natives Olivenöl extra

200 g Puy-Linsen, abgespült und abgetropft

4 Zehen Knoblauch, geschält und in Scheiben geschnitten

1 TL fein gehackte Thymianblättchen

1 TL fein gehackte Rosmarinnadeln

1 TL fein gehackte Oreganoblättchen

1 Lorbeerblatt

1 TL Meersalzflocken

150 g Quinoa, abgespült und abgetropft

1 Handvoll abgezupfte Blättchen Petersilie

30 Blättchen Minze

20 Blättchen Basilikum

Ein warmer Salat mit dem zusätzlichen Bonus, dass er sowohl (Pseudo)-Getreide als auch Hülsenfrüchte enthält und daher nur gut für Sie sein kann! Ich liebe das erdige, aber doch leichte Aroma der Linsen und die Tatsache, dass sie relativ schnell gar sind, verglichen mit anderen Zutaten wie beispielsweise Kichererbsen oder Limabohnen. Ich kombiniere hier Linsen mit Quinoa, einem sehr leichten Korn (siehe Seite 75), das sogar eine noch kürzere Garzeit hat. Trauben und Tomaten gemeinsam zu rösten, ist eine gute Idee, besonders wenn Sie möglichst viele unterschiedliche Farben verwenden. Die austretenden Säfte verbinden sich harmonisch mit dem Dressing, wenn sie über den fertigen Salat geträufelt werden. Sie können den Salat auch im Voraus zubereiten und ihn bei Raumtemperatur servieren.

[ZUBEREITUNG]

Den Backofen auf 170 °C vorheizen.

Die Trauben mit den Kirschtomaten, der Schalotte, der Chili, dem Granatapfelsirup und 2 EL Olivenöl mit etwas Salz und frisch gemahlenem schwarzem Pfeffer in einen Bräter geben. Alles vermischen, dann im Ofen rösten, bis die Trauben und Kirschtomaten ein kleines bisschen aufgeplatzt sind, was etwa 30 Minuten dauert. Warm halten.

Inzwischen die Linsen kochen. Dazu die Linsen in einen mittelgroßen Topf geben und so viel Wasser zufügen, dass sie 4 cm hoch bedeckt sind. Zum Kochen bringen, dabei den an die Oberfläche steigenden Schaum abschöpfen. Die Temperatur so weit senken, dass das Wasser noch kräftig köchelt, dann den Knoblauch, den Thymian, den Rosmarin, den Oregano, das Lorbeerblatt und die restlichen 2 EL Olivenöl unterrühren. Den Deckel auflegen und 30 Minuten garen, in den letzten 10 Minuten 1 TL Meersalzflocken hinzufügen. Darauf achten, dass die Linsen immer mit Wasser bedeckt sind, falls nötig, etwas kochendes Wasser nachfüllen. Eine Linse probieren, um zu prüfen, ob sie fertig gegart sind. Warm halten.

Nachdem die Linsen 15 Minuten gegart sind, die Quinoa kochen (siehe Seite 75).

Zum Servieren die Linsen und die Quinoa mit der Petersilie und der Minze vermischen. Probieren und abschmecken. Das Basilikum behutsam unter die Trauben mischen, diese darüber verteilen und mit dem Garsud beträufeln.

Grüne Linsen, pochierte Birne und Maroni, Brokkoli, karamellisierte Zwiebeln und Korinthen

WARM ODER BEI RAUMTEMPERATUR SERVIEREN

Ein wunderbarer Herbstsalat, über den Sie auch halbfesten Schnittkäse krümeln oder geriebenen Comté streuen können. Ich verwende hier vakuumverpackte Maroni, die das ganze Jahr über erhältlich sind; es gibt jedoch nichts Besseres als frisch geröstete Maroni, wenn sie gerade Saison haben. Anstelle von grünen Linsen eignen sich für diesen Salat auch Puy-Linsen gut, ebenso können Sie Bulgur oder Perlgraupen verwenden.

ZUTATEN

1 Zimtstange

3 Sternanis

5 cm Ingwer, geschält und in dünne Scheiben geschnitten

½ rote Chili, in Ringe geschnitten

250 ml Rotwein

100 g Kristallzucker (oder Honig oder Ahornsirup)

2 Lorbeerblätter

200 g vakuumverpackte Maroni, abgespült und abgetropft

4 feste, reife Birnen

250 grüne Linsen, abgespült und abgetropft

75 ml (5 EL) Olivenöl

4 Zehen Knoblauch, geschält und gehackt

1 EL gehackte frische mediterrane Kräuter

2 rote Zwiebeln, in dünne Scheiben geschnitten

50 g Korinthen

3 EL Sherryessig oder Balsamico-Essig

1 Kopf Brokkoli, in Röschen getrennt

[ZUBEREITUNG]

Die Zimtstange, die Sternanis, den Ingwer, die Chili, den Rotwein, den Zucker, 1 Lorbeerblatt, ¼ TL Salz und 700 ml Wasser in einen mittelgroßen Topf geben. Zum Kochen bringen, dann die Temperatur so weit reduzieren, dass alles nur noch leise köchelt, und die Maroni hinzufügen. Die Birnen schälen, längs halbieren und vom Kerngehäuse befreien. In die Pochierflüssigkeit legen und, falls nötig, etwas kochendes Wasser nachgießen, damit sie mit Flüssigkeit bedeckt sind. Erneut zum Kochen bringen, dann die Temperatur so weit reduzieren, dass sie noch kräftig köchelt. Mit einem passgenau zugeschnittenen Stück Backpapier mit Loch in der Mitte bedecken und 40 Minuten köcheln lassen. Abkühlen lassen.

Inzwischen die Linsen garen. Dazu 2 EL Öl mit dem Knoblauch, den Kräutern und dem übrigen Lorbeerblatt in einen mittelgroßen Topf geben. Sobald sich der Knoblauch goldgelb gefärbt hat, die Linsen, 700 ml Wasser und 1 TL Salz hinzufügen. Zum Kochen bringen, dann die Temperatur so weit reduzieren, dass das Wasser noch kräftig köchelt, und mit geschlossenem Deckel 20–25 Minuten kochen, bis die Linsen gar sind. Im Topf lassen, damit sie warm bleiben.

In der Zwischenzeit die restlichen 3 EL Öl bei mittlerer Temperatur in einem Topf erhitzen, dann die Zwiebeln mit ½ TL Salz mit geschlossenem Deckel anschwitzen, bis sie zu karamellisieren beginnen, was etwa 15 Minuten dauert, dabei gelegentlich umrühren. Den Deckel abnehmen, die Korinthen hinzufügen und weitere 3 Minuten garen, dabei umrühren, damit sie nicht anbrennen. Den Essig zufügen und unter Rühren 2 Minuten einkochen lassen. Warm halten.

Den Brokkoli 2 Minuten in kochendem Salzwasser blanchieren, dann abgießen.

Direkt vor dem Servieren die Birnen und die Maroni aus dem Pochiersud nehmen, die Birnen in Scheiben schneiden. Zum Servieren die Linsen mit dem Brokkoli mischen und auf Teller verteilen. Die Birnenscheiben und die Maroni zusammen mit den Chiliringen aus dem Pochiersud darauf anrichten, dann die karamellisierten Zwiebeln und Korinthen darüber verteilen.

Fregola, grüner Spargel, Shiitakepilze und Walnüsse

WARM ODER BEI RAUMTEMPERATUR SERVIEREN

ZUTATEN

200 g Fregola (kugelförmige Pasta, Riesencouscous), abgespült und abgetropft

3 EL Olivenöl

1 rote Zwiebel, geschält und in dünne Scheiben geschnitten

2 Zehen Knoblauch, geschält und in dünne Scheiben geschnitten

10 frische Shiitakepilze, Stiele entfernt und weggeworfen, Hüte geviertelt

2 TL frische abgezupfte Thymianblättchen

800 g grüner Spargel, trockene Enden entfernt und weggeworfen, danach das untere Drittel der Stangen geschält (nach dem Putzen etwa 450 g)

20 Kirschtomaten, halbiert

1 Handvoll frische Gartenkräuter (wie Dill, Fenchelgrün, Minze, Petersilie, junger Oregano oder Majoran, Koriandergrün), grob gehackt oder zerzupft

2 EL Zitronensaft

60 g Walnusskerne, leicht geröstet, grob gehackt

Bei Fregola handelt es sich zwar nicht um ein Getreide, sie wird jedoch aus Weizen hergestellt und passt deshalb auch irgendwie hierher. Ähnliche Varianten sind unter der Bezeichnung Israelischer Couscous, maftoul oder mograbiah bekannt. Manche sehen einfach aus wie weiße Kügelchen aus getrocknetem Pastateig, andere sind unregelmäßig geformt und wieder andere werden geröstet angeboten. Der Schlüssel zu einem wirklich geschmackvollen Gericht ist meiner Meinung nach – egal, welche Variante man nun verwendet –, dass die Fregola (falls noch nicht geschehen) vor dem Kochen geröstet wird: entweder wie hier durch Rösten in Öl oder durch Rösten im Backofen ohne Ölzugabe. Alternativ können Sie hier auch Orzo, die griechische Pasta in Reiskornform, nehmen. Ich bin ein großer Fan von beidem.

[ZUBEREITUNG]

In einem mittelgroßen Topf die Fregola in der Hälfte des Öls bei mittlerer Temperatur goldgelb rösten, dabei häufig umrühren. Falls es sich um bereits geröstete Fregola handelt, nur eine Minute anschwitzen. Die Zwiebel, den Knoblauch und die Shiitakepilze hinzufügen und unter ständigem Rühren anschwitzen, bis die Zwiebel an Volumen verliert. Den Thymian zugeben, dann sehr langsam 800 ml kochendes Wasser zugießen – dabei einen Schritt zurücktreten, da heißer Dampf aus dem Topf emporschießen kann. Zum Kochen bringen, dann die Temperatur reduzieren, sodass die Flüssigkeit nur noch kräftig köchelt, und bei geschlossenem Deckel 8 Minuten garen. Einige Kügelchen probieren: Die Fregola sollte so weich sein, dass sie sich kauen lässt. Ist sie noch zu fest, sollte sie noch etwas länger garen. Falls notwendig, noch etwas kochendes Wasser nachfüllen und bei geschlossenem Deckel weitergaren. Wenn die Fregola gar ist, den Deckel abnehmen und weiterkochen lassen, bis das Wasser fast vollständig verdampft ist, dabei ab und zu umrühren. Mit Salz und frisch gemahlenem schwarzem Pfeffer würzen. Im Topf abkühlen lassen oder in eine große Schüssel umfüllen.

Während die Fregola gart, den Spargel kurz in leicht gesalzenem Wasser blanchieren. Für diesen Salat sollte er am besten noch etwas knackig sein, daher reichen 30 Sekunden auf jeden Fall aus. Danach in ein Sieb abgießen und einige Minuten in Eiswasser abschrecken, wenn der Salat bei Raumtemperatur serviert werden soll. Erneut abgießen, dann jede Stange schräg in drei Teile schneiden.

Zum Servieren den Spargel mit den Tomaten, den frischen Kräutern, dem Zitronensaft und dem restlichen Olivenöl unter die Fregola mischen. Nach Belieben abschmecken und mit den Walnüssen bestreuen.

Freekeh, mit Kreuzkümmel geröstete Artischocke, gegrillter Mais und Granatapfel

WARM ODER BEI RAUMTEMPERATUR SERVIEREN

ZUTATEN

1 große, saftige unbehandelte Zitrone

2 Lorbeerblätter

4–6 große Artischocken (Rohgewicht 1,5 kg)

1 kleine rote Zwiebel, geschält und fein gehackt

3 Zehen Knoblauch, geschält und fein gehackt

1 TL Kreuzkümmelsamen

1 TL frischer Thymian, Oregano oder fein gehackte Rosmarinnadeln

3 EL natives Olivenöl extra

200 g Freekeh (unreif geerntete Weizenkörner mit Räuchernote), abgespült und abgetropft

2 Kolben Mais, Hüllblätter entfernt

4 EL Kürbiskerne

1 Granatapfel

20 Blättchen Minze, zerzupft

4 EL klein geschnittener Dill (in 1–2 cm lange Stücke)

2 Handvoll wilder Rucola

1 TL Meersalzflocken

Ich liebe die Räuchernote von Freekeh – für ein Getreide ganz außergewöhnlich! Ein Landwirt in der Türkei, der Freekeh produziert, erklärte mir, wie das Getreide zu diesem ganz speziellen Aroma kommt. Am Ende des Sommers, wenn der Boden ausgetrocknet ist und das Getreide kurz vor der Reife steht, aber noch etwas Feuchtigkeit enthält, setzt er seine Felder in Brand. Während dabei die Spreu und das Stroh verbrennen, sorgt die in den Körnern verbliebene Restfeuchtigkeit dafür, dass diese den Brand unbeschädigt überstehen. Anschließend werden sie abgeerntet und geschrotet und sind somit bereit zum Garen. Wenn ich Freekeh koche, gebe ich das Salz immer erst an den fertigen Salat und nicht schon ins Kochwasser. In diesem Rezept wird es einfach nur gekocht, man kann es aber auch eher wie ein Risotto garen (siehe Seite 97). Zu manchen Gerichten passt die eine Garmethode einfach besser als die andere.

[ZUBEREITUNG]

Den Backofen auf 190 °C vorheizen.

Zuerst die Artischocken garen. Dazu einen großen Topf zu zwei Dritteln mit Wasser füllen, 1 EL Salz zugeben und zum Kochen bringen. Eine halbe Zitrone in 5 mm dicke Scheiben schneiden und zusammen mit den Lorbeerblättern hineingeben. Den Herd ausschalten.

Nun die Artischocken vorbereiten: Eine Artischocke am Stielansatz halten, die dickeren Blätter von der Unterseite her abziehen, bis die deutlich dünneren und weicheren Blätter sichtbar werden. Nun die Artischocke waagerecht auf ein Schneidbrett legen, zwei Drittel des oberen Teils mit einem scharfen Messer abschneiden und wegwerfen (hier leistet ein Messer mit Wellenschliff gute Dienste. Seien Sie bitte vorsichtig, da die Artischocke wegrutschen bzw. etwas zäh sein könnte). Den Stiel unmittelbar an der Unterseite abschneiden, dann mit einem kleinen, scharfen Messer alle groben Ränder begradigen. Mithilfe eines Teelöffels oder eines Kugelausstechers das im Inneren der Artischocke befindliche Heu, die haarigen Fasern, herausschaben, da sie nicht mitgegessen werden sollten. Das so vorbereitete Artischockenherz ins heiße Wasser legen und die restlichen Artischocken auf dieselbe Weise vorbereiten. Falls das Wasser nicht ausreicht, dass alle Artischockenherzen bedeckt sind, noch etwas kochendes Wasser zugießen. Das Wasser erneut erhitzen, bis es leise köchelt. Da die Artischockenherzen danach noch geröstet werden, reichen 5 Minuten Garzeit aus. Zum Abtropfen mit

[REZEPT WIRD FORTGESETZT...]

[REZEPT WIRD FORTGESETZT...] einem Sieblöffel in ein Sieb legen und 5 Minuten abkühlen lassen. Den Pochiersud weggießen.

Die Artischocken vierteln und zusammen mit der Zwiebel, dem Knoblauch, dem Kreuzkümmel, dem Thymian und 1 EL Olivenöl in einen Bräter geben.

Die übrige halbe Zitrone darüber auspressen und alles mit Salz und frisch gemahlenem schwarzem Pfeffer würzen. Gründlich vermischen, dann rösten, bis sich die Zutaten appetitlich goldbraun gefärbt haben und gar sind – das dauert etwa 20 Minuten. Danach aus dem Ofen nehmen und abkühlen lassen oder heiß weiterverwenden, wenn der Salat warm serviert werden soll.

Während die Artischocken im Ofen rösten, einen anderen, mittelgroßen Topf zu zwei Dritteln mit Wasser füllen und zum Kochen bringen. Den Freekeh hinzufügen und zum Kochen bringen. Die Temperatur senken, sodass das Wasser nur noch kräftig köchelt, dann 15 Minuten kochen. Einige Körnchen probieren: Sie sollten noch etwas Biss haben, sich jedoch gegart anfühlen. In ein Sieb abgießen und abkühlen lassen, falls Sie keinen warmen Salat geplant haben.

Während die Freekeh gart, den Mais grillen. Dafür eine Grillpfanne mit schwerem Boden bei mittlerer bis hoher Temperatur auf dem Herd erhitzen, bis sie raucht. Die Maiskolben ringsum mit 1 TL Olivenöl bestreichen und unter Wenden goldbraun grillen. Sobald sie fast überall Farbe angenommen haben, aus der Pfanne nehmen und auf einem Teller abkühlen lassen. Wenn sie so weit abgekühlt sind, dass man sie anfassen kann, die Körner vom Kolben schneiden.

In einem kleinen Topf die Kürbiskerne mit dem restlichen Olivenöl bei mittlerer Temperatur erhitzen. Beim Erwärmen werden die Kürbiskerne zu hüpfen und das Öl etwas zu spritzen beginnen. Wenn sie sich hell goldgelb zu färben beginnen, die Kürbiskerne in eine hitzefeste Schüssel umfüllen und abkühlen lassen.

Den Granatapfel halbieren und aus einer Hälfte alle Kerne so auslösen, dass nichts mehr von der bitteren weißen Haut an ihnen haftet. Die andere Hälfte mithilfe einer Zitruspresse wie eine Orange ausdrücken. Da dabei voraussichtlich etwas Saft verspritzen wird, wäre es eine gute Idee, eine Küchenschürze zu tragen oder einen ausreichenden Sicherheitsabstand zu wahren.

Zum Servieren den Freekeh mit der Minze, dem Dill, dem Rucola, dem Granatapfelsaft, der Hälfte der Maiskörner, der Hälfte der Granatapfelkerne und 1 TL Meersalzflocken vermischen. Auf Tellern anrichten. Die Artischocken zusammen mit den Zwiebeln und dem Öl aus dem Bräter darauf verteilen. Mit den restlichen Maiskörnern, den Granatapfelkernen und den Kürbiskernen bestreuen.

Freekeh, Walnuss, Mangold, Pilze und Tahini-Mascarpone

WARM ODER BEI RAUMTEMPERATUR SERVIEREN

ZUTATEN

1 EL Olivenöl

1 rote Zwiebel, geschält und in dünne Scheiben geschnitten

2 Zehen Knoblauch, geschält und in dünne Scheiben geschnitten

2 EL fein gehackter oder geriebener Ingwer

100 g Walnusskerne, grob gehackt

200 g Freekeh (unreif geerntete Weizenkörner mit Räuchernote), abgespült und abgetropft

1 EL Apfelessig

60 g Butter

¾ Stange Lauch von mittlerer Dicke, in dünne Ringe geschnitten

4 Portobellopilze (Riesenchampignons; etwa 450 g), in Scheiben geschnitten

300 g Mangold

2 EL Tahini (Sesampaste)

1 EL Zitronensaft

200 g Mascarpone (bei Raumtemperatur)

1 kleines Bund glatte Petersilie (inklusive Stängel), grob gehackt

Für dieses Rezept wird der Freekeh nach einer anderen Methode gegart: Anstelle ihn einfach zu kochen (siehe Seite 92), wird er hier eher wie ein Reispilaw zubereitet. Sie können den Salat als Teil einer Mahlzeit in einer großen Schüssel oder als Vorspeise servieren. Er passt gut zu einem gegrillten Lammkotelett oder einer gebackenen Makrele oder einem Stück gegrilltem Lachs. Wählen Sie die bunte Mangoldvariante, wenn Sie sie finden, ebenso können Sie eine Auswahl gemischter Pilze verwenden.

[ZUBEREITUNG]

Zuerst den Freekeh garen. Dazu das Olivenöl in einem mittelgroßen Topf bei mittlerer bis hoher Temperatur erhitzen. Die Zwiebel, den Knoblauch und den Ingwer hinzufügen und unter häufigem Rühren anschwitzen, bis die Zutaten karamellisieren. Die Walnüsse zugeben und 30 Sekunden stetig umrühren, sodass sie ringsum mit Öl überzogen sind, dann den Freekeh und 500 ml Wasser hinzufügen. Zum Kochen bringen und knapp gar kochen, bis er noch etwas *al dente* ist, was 10–12 Minuten dauert. Den Herd ausschalten, den Essig und 1 TL Salz unterrühren und bei geschlossenem Deckel abkühlen lassen.

Während der Freekeh gart, die Butter in einer mittelgroßen Pfanne bei mittlerer Temperatur erhitzen, bis sie sich nussbraun färbt. Den Lauch hinzufügen und unter Rühren anschwitzen, bis er zusammenfällt. Die Pilze zugeben und ebenfalls unter Rühren anschwitzen, bis sich ihr Volumen deutlich verringert. Mit Salz abschmecken.

Als Nächstes den Mangold zubereiten. Dazu die Blätter von den Stielen trennen, beides abwaschen, um noch anhaftenden Schmutz zu entfernen. Die Stiele schräg in dünne Scheiben schneiden und beiseitestellen. Die Blätter aufrollen und in Streifen schneiden. Die Stiele zur Pilzmischung geben und 2 Minuten mitgaren, dabei gelegentlich umrühren. Dann die Blätter unterrühren und abschmecken. Den Deckel auflegen und den Herd ausschalten.

Die Tahini mit dem Zitronensaft zu einer Paste verrühren, dann den Mascarpone unterrühren, bis sich alle Zutaten vollständig miteinander verbunden haben.

Zum Servieren den Freekeh auf Teller verteilen, dann die Pilz-Mangold-Mischung darauf anrichten. Mit einem Klecks Tahini-Mascarpone garnieren und mit der Petersilie bestreuen.

Bulgur, gegrillte Karotten und Brokkoli, Kapern, Pecannüsse und Zitrone

WARM ODER BEI RAUMTEMPERATUR SERVIEREN

ZUTATEN

200 g Bulgur (vorgegarte Weizengrütze), abgespült und abgetropft

3 Karotten, geschält und schräg in 5 mm dicke Scheiben geschnitten

500 g Brokkolini (Kreuzung aus Brokkoli und *Kai-lan*, Chinesischem Blattkohl), untere Enden geputzt, längs halbiert

3 EL Olivenöl

2 EL Granatapfelsirup

1 große Zitrone, Schale, weiße Innenhaut und Kerne entfernt, Fruchtfleisch gewürfelt

30 Blättchen Minze, in Streifen geschnitten

60 g Pecannusskerne, geröstet und grob gehackt

1 EL Kapern, abgespült und trocken getupft

Bei Bulgur handelt es sich um Weizenkörner, die im Ganzen dampfgegart und dann getrocknet und geschnitten werden. Da Bulgur bereits vorgegart ist, wird er üblicherweise nur noch in kochendem Wasser eingeweicht. Bulgur gibt es in verschiedenen Größen, von fein bis grob, hier eignet sich eine mittlere Größe am besten. In diesem Rezept lässt sich Bulgur auch durch Weizengrütze ersetzen, wobei erwähnt werden muss, dass es sich um zwei verschiedene Dinge handelt: Weizengrütze wird aus getrocknetem, ungegartem und geschnittenem Weizen hergestellt, zudem besteht sie generell aus eher größeren Stücken und muss definitiv gekocht werden, nämlich 30 Minuten in reichlich kochendem, leicht gesalzenem Wasser. Auch im Geschmack unterscheiden sie sich, jedoch nicht so stark, dass Sie es in diesem Salat wahrnehmen würden. Falls die verwendete Zitrone eine kräftige Säure besitzt, geben Sie einen halben Teelöffel extrafeinen Zucker zum Gemüse.

[ZUBEREITUNG]

Den Bulgur in eine große Schüssel füllen und mit 400 ml kochendem Wasser übergießen. 1 TL Salz unterrühren. Die Schüssel mit Frischhaltefolie oder einem Geschirrtuch abdecken und 30 Minuten quellen lassen, währenddessen zweimal umrühren.

In der Zwischenzeit in einem Topf gesalzenes Wasser zum Kochen bringen, dann nacheinander die Karotten und den Brokkolini darin jeweils 1 Minute garen. Abgießen und das Gemüse separat mit je 2 TL Olivenöl vermischen.

Eine Grillpfanne oder eine Pfanne mit schwerem Boden erhitzen und das Gemüse darin anbraten, bis es Farbe und Grillspuren angenommen hat. Danach in eine Schüssel umfüllen und mit dem Granatapfelsirup, der Zitrone und dem restlichen Olivenöl vermischen.

Den Bulgur in ein Sieb geben und einige Minuten abtropfen lassen. Mit der Minze, den Pecannusskernen und den Kapern in eine Schüssel geben und gründlich vermischen. Mit Salz und frisch gemahlenem schwarzem Pfeffer würzen.

Zum Servieren den Bulgur auf eine Platte geben und das Gemüse darauf verteilen.

Dampfgegarter Ingwer-Tempeh und Aubergine mit schwarzem Reis, Eiern und Gojibeeren

WARM ODER BEI RAUMTEMPERATUR SERVIEREN

ZUTATEN

150 g schwarzer Reis, über Nacht in kaltem Wasser eingeweicht, dann abgespült und abgetropft

2 TL geriebener oder fein gehackter Ingwer

1 kleine Schalotte, geschält und gewürfelt

2 EL Sesamöl

1½ EL Sojasauce

2 EL Limettensaft

1 EL flüssiger Honig (oder Ahornsirup oder Agavendicksaft)

200 g Tempeh (Fermentationsprodukt aus gekochten Sojabohnen), in breite Stäbchen oder Scheiben geschnitten

1 EL Gojibeeren

1 Aubergine, Stiel entfernt

1 Handvoll Brunnenkresse, geputzt und gewaschen

4 Bio-Eier, weich gekocht und gepellt

1 kleine Handvoll abgezupfte Blättchen Koriandergrün

1 Frühlingszwiebel, in dünne Ringe geschnitten

Seit ich mich erinnern kann, bin ich ein großer Fan von Tofu und auch von Tempeh, seinem etwas rustikaleren, kompakteren fermentierten Bruder, der nicht jedermanns Sache ist. Auf meinen Reisen in Südostasien habe ich Tempeh in zahlreichen Gerichten kennengelernt, von Gado Gado über Wokgerichte bis zu Currys. Falls Sie Tempeh nicht bekommen, nehmen Sie auf alle Fälle einen festen Tofu und verkürzen Sie die Garzeit um einige Minuten. Falls Sie keine Zeit haben, den schwarzen Reis über Nacht einzuweichen, verwenden Sie einfach mehr Wasser und kochen den Reis 15 Minuten länger. Dieser Salat kann warm oder bei Raumtemperatur serviert werden und eignet sich daher wunderbar als Mittagsgericht, egal ob im Winter oder mitten im Sommer. Zudem ist es ein Gericht, bei dessen Verzehr Sie sich gut und gesund fühlen!

[ZUBEREITUNG]

In einem mittelgroßen Topf den Reis mit 450 ml kaltem Wasser zum Kochen bringen, den Deckel auflegen und 20 Minuten sehr sanft köcheln lassen. Einige Reiskörnchen probieren: Sie sollten *al dente* sein. Falls sie das noch nicht sind, noch etwas länger garen. Den Herd ausschalten, etwas Salz unterrühren und beiseitestellen.

Den Ingwer mit der Schalotte, dem Sesamöl, der Sojasauce, dem Limettensaft und dem Honig in einer großen Schüssel vermischen, bis sich der Honig aufgelöst hat.

Einen Dampfgarer auf den Herd stellen, den Tempeh 8 Minuten dampfgaren. Mit den Gojibeeren bestreuen und weitere 2 Minuten dampfgaren. Zur Marinade geben und vermischen.

Die Aubergine in dicke Stäbchen schneiden und 7–9 Minuten dampfgaren, bis sie sich zwischen zwei Fingern zerdrücken lassen. (Vorsicht, heiß!) Behutsam mit dem in der Marinade ziehenden Tempeh mischen und 5 Minuten marinieren.

Zum Servieren den Reis und die Brunnenkresse auf Tellern verteilen. Erst die Tempehmischung, dann die halbierten Eier darauf anrichten. Mit dem Koriandergrün und der Frühlingszwiebel bestreuen.

Dinkel, gegrillter Radicchio, Zitrusfrüchte, Cashewkerne, Avocado und schwarzer Rettich

BEI RAUMTEMPERATUR SERVIEREN

ZUTATEN

300 g geperlter Dinkel, abgespült und abgetropft

1 großer Kopf oder 2 kleinere Köpfe Radicchio, beschädigte Außenblätter entfernt, in 8–10 Spalten (großes Exemplar) oder in 4–6 Spalten (kleines Exemplar) geschnitten

3 EL Olivenöl

1 rosa Grapefruit

2 Satsumas (oder Clementinen, Mandarinen oder Orangen), geschält, filetiert, von allen Häuten und Kernen befreit

2 Avocados

200 g schwarzer Rettich, unter kaltem Wasser kurz abgespült, dann in dünne Scheiben geschnitten (eine Mandoline ist hier hilfreich)

125 g Cashewkerne, geröstet und grob gehackt

Dinkel ist in den vergangenen Jahren sehr populär geworden, wobei es ihn quasi schon immer gibt. Er gehört zur Weizenfamilie, erfreut sich jedoch besonderer Beliebtheit, da er als vergleichsweise leichter verdaulich gilt. Sie können den Dinkel durch Perlgraupen ersetzen, die jedoch zusätzlich 20 Minuten Garzeit benötigen. Bei Perldinkel handelt es sich um entspelzten und geschälten Dinkel, was eine kürzere Garzeit als bei nicht geperltem Dinkel zur Folge hat. Sie können den Radicchio durch Chicoree ersetzen, den Sie längs halbieren (durch das Grillen erhält er eine herrliche mild-süße Röstnote), und den schwarzen Rettich durch handelsüblichen roten Rettich oder in dünne Scheiben gehobelten Daikonrettich. Dieser Salat kann als Vorspeise serviert werden, als Beilage zu gegrilltem Fleisch oder Fisch oder auch garniert mit Ziegenquark oder zerkrümeltem Blauschimmelkäse als Hauptgericht.

[ZUBEREITUNG]

Zuerst den Dinkel garen. Dazu den Dinkel mit 1 TL Salz in einen mittelgroßen Topf geben und 3 cm hoch mit kaltem Wasser bedecken. Zum Kochen bringen, den Deckel auflegen, die Temperatur so weit senken, dass das Wasser nur noch kräftig köchelt, und etwa 20 Minuten kochen, bis der Dinkel gar ist. In ein Sieb abgießen und in eine große Schüssel füllen.

Als Nächstes den Radicchio zubereiten. Die Schnittseiten mit 1 EL Öl einpinseln und mit etwas Salz bestreuen. In einer Pfanne mit schwerem Boden oder einer Grillpfanne die Radicchiospalten bei mittlerer bis hoher Temperatur auf beiden Schnittseiten so stark anbraten, dass sie sich sehr dunkel färben. Vom Herd nehmen und abkühlen lassen. Den weißen Strunk herausschneiden und wegwerfen, dann die Blätter in breite Streifen schneiden und zum Dinkel in die Schüssel geben.

Von der Grapefruit das obere und untere Ende abschneiden, dann die Schale samt der weißen Innenhaut abschneiden. Mit einem scharfen Messer die Filets zwischen den Trennhäuten herauslösen und diese in eine separate Schüssel legen. Die Trennhäute über der Schüssel ausdrücken und den Saft – einige Esslöffel voll – auffangen, dann die Satsumafilets hinzufügen. Von den Avocados das Fruchtfleisch am Stück auslösen, in Spalten schneiden und zusammen mit den Rettichscheiben, dem restlichen Olivenöl und der Hälfte der Cashewkerne zu den Zitrusfrüchten in die Schüssel geben. Alles vorsichtig vermischen.

Zum Servieren den Inhalt der Dinkelschüssel mit dem Inhalt der Zitrusfrüchteschüssel vorsichtig miteinander vermischen und mit den restlichen Cashewkernen bestreuen.

Basmati-Safran-Reis mit Butternusskürbis, Tomate, Gurke und Tamarinde

WARM ODER BEI RAUMTEMPERATUR SERVIEREN

ZUTATEN

200 g Basmatireis, abgespült und abgetropft

2 Prisen Safranfäden

2 EL Pflanzenöl

1 TL Senfsamen

2 grüne Kardamomkapseln, Fruchtschalen weggeworfen, Samen ausgelöst

1 Zimtstange (5 cm lang)

20 Curryblätter

600 g Butternusskürbis, geschält und Samen entfernt

1 rote Zwiebel, geschält und in dünne Scheiben geschnitten

4 Tomaten

3 EL Tamarindenpaste

½ TL fein abgeriebene unbehandelte Limettenschale

2 EL Limettensaft

2 TL Kristallzucker

1 kleine Salatgurke, in dünne Scheiben gehobelt

1 kleines Bund Koriandergrün, Blättchen abgezupft, Stängel in 5 mm lange Stücke geschnitten

Basmatireis ist eine ganz köstliche Sache. Sie können jedoch auch thailändischen Jasminreis oder aromatischen roten Camargue-Reis verwenden, wobei der Safraneffekt bei Letzterem weniger deutlich in Erscheinung tritt. Tamarindenpaste gibt es mit sehr saurem und intensivem oder mit milderem Geschmack zu kaufen. Ich stelle sie immer selbst her, indem ich Tamarindenfruchtfleisch (eine komprimierte braune, faserige, klebrige Mischung, die in asiatischen Supermärkten erhältlich ist) 10 Minuten in warmem Wasser einweiche, es dann mit den Händen auseinanderbreche und durch ein grobes Sieb streiche. Es ist nicht grundsätzlich für jedes Rezept erforderlich – dieser Salat profitiert jedoch eindeutig davon, wenn die Tomaten gehäutet werden.

[ZUBEREITUNG]

Den Reis in eine Schüssel füllen, mit 600 ml kaltem Wasser übergießen und 30 Minuten quellen lassen. Danach abgießen, zurück in die Schüssel geben, die Safranfäden unterrühren und 5 Minuten ruhen lassen.

In einem mittelgroßen Topf (zu dem ein dicht schließender Deckel existiert) 1 TL Öl erhitzen, dann die Senfsamen hineingeben. So lange erhitzen, bis sie zu hüpfen beginnen, dabei den Topf schwenken. Die Kardamomsamen, die Zimtstange und die Curryblätter hineingeben und bei mittlerer Temperatur unter Rühren rösten, bis die Curryblätter leicht knusprig werden (die Gewürze dürfen jedoch nicht anbrennen). Den Reis in den Topf geben und mit den Gewürzen vermischen. 480 ml kaltes Wasser zufügen und zum Kochen bringen. Den Deckel auflegen und 11 Minuten bei niedrigster Temperatur garen. Dann den Herd ausschalten und weitere 20 Minuten ruhen lassen. Danach den Deckel abnehmen, mit ½ TL Salz bestreuen und den Reis mit einer Gabel auflockern. Wird der Salat warm serviert, den Reis im Topf lassen, soll er bei Raumtemperatur serviert werden, den Reis zum Abkühlen in eine Schüssel umfüllen.

Während der Reis gart, den Butternusskürbis zubereiten. Den Backofen auf 180 °C vorheizen. Den Kürbis in 1 cm dicke Scheiben schneiden und mit der Zwiebel und 1 EL Öl in einen Bräter geben. Mit Salz und frisch gemahlenem schwarzem Pfeffer würzen und vermischen, dann im Ofen rösten, bis der Kürbis gar ist und etwas Farbe angenommen hat. Aus dem Ofen nehmen.

Die Tomaten häuten. Dafür einen mittelgroßen Topf zu zwei Dritteln mit Wasser füllen und zum Kochen bringen. Die Tomaten jeweils auf der Unterseite mit einem scharfen

Messer kreuzförmig einritzen (nur die Haut einschneiden, nicht das Fruchtfleisch). Eine Schüssel mit Eiswasser bereitstellen.

Die Tomaten für 30 Sekunden ins kochende Wasser gleiten lassen. Dann mit einem Sieblöffel aus dem Wasser heben und 2 Minuten ins Eiswasser tauchen, dann die Tomaten häuten. Die Tomaten quer halbieren. Die Hälften mit der Schnittseite über eine Schüssel halten, sanft die Samen herausdrücken und wegwerfen. Das Fruchtfleisch in Stücke schneiden.

Nun das Dressing herstellen. Dazu die Tamarindenpaste mit der Limettenschale, dem Limettensaft und dem Zucker verrühren, bis sich der Zucker aufgelöst hat. Die Tomatenwürfel, die Salatgurke, die Koriandergrünstängel, das restliche Öl und ½ TL Salz untermischen. Bei Bedarf nachwürzen.

Zum Servieren den Reis auf Teller geben, darauf den Kürbis anrichten. Die Tomatensalsa darüber verteilen und mit den Korianderblättchen bestreuen.

Hirse mit Röstgemüse, Pietros Ei und Granatapfel

WARM SERVIEREN

Hirse ist ein Getreide, das schnell gar, gut verdaulich, leicht und glutenfrei ist. Wie Quinoa, die Sie hier anstelle von Hirse verwenden können, macht sie sich sehr gut im Salat, jedoch weniger als strahlender Mittelpunkt, sondern eher als sättigende Zutat. Die Technik, die Spiegeleier zu braten, sodass das Eigelb flüssig bleibt, verdanke ich meinem ausgesprochen witzigen Freund Pietro, der die Hälfte seiner Zeit auf dem sonnigen Ibiza und die andere Hälfte in Barcelona verbringt. Sie können den Salat mit reichlich frisch geröstetem und mit Butter bestrichenem knusprigem Brot und gegrillter Chorizo servieren, wenn Sie möchten.

[ZUBEREITUNG]

Den Backofen auf 180 °C vorheizen. Die Karotten, den Fenchel, die Zwiebel, den Knoblauch und die Chili in einen Bräter geben und mit etwas Salz und frisch gemahlenem schwarzem Pfeffer würzen. Drei Viertel der Butter in Flöckchen auf dem Gemüse verteilen und es etwa 25 Minuten im Ofen rösten, bis es eine goldgelbe Färbung angenommen hat, dabei ein- oder zweimal wenden. Warm halten.

Während das Gemüse röstet, die Hirse kochen. Dazu einen mittelgroßen Topf zur Hälfte mit Wasser füllen und zum Kochen bringen. In der Zwischenzeit in einer Pfanne die Hirse ohne Fettzugabe bei mittlerer bis hoher Temperatur 3–4 Minuten anrösten, einige Male schwenken oder umrühren, damit sie nicht ansetzt. Die Hirse vorsichtig ins kochende Wasser gleiten lassen, dann die restliche Butter und ½ TL Salz hinzufügen. Den Deckel auflegen und 12 Minuten bei niedriger Temperatur garen. Einige Körnchen probieren: Sie sollten noch ein wenig Biss haben. Die Hirse in ein Sieb abgießen, wieder zurück in den Topf füllen, den Deckel auflegen und warm halten.

Als Nächstes die Eier zubereiten, hierbei ist es hilfreich, einen Eierkarton bereitzustellen. Zwei mittelgroße (oder eine große) Pfanne(n) 7 mm hoch mit dem Pflanzenöl füllen und erhitzen, bis durch die Hitze (bei etwa 190 °C) die Luft über dem Öl zu flimmern scheint. Die Eier aufschlagen und die Eiweiße in vier einzelne Tassen oder Auflaufförmchen geben. Die Eigelbe in ihren Eierschalenhälften in den Eierkarton zurückstellen (damit sie aufrecht stehen bleiben). Die Eiweiße vorsichtig ins heiße Öl gießen und anbraten, bis sie am Rand knusprig zu werden beginnen. Mit einem Metalllöffel vorsichtig etwas heißes Öl über die Eiweiße träufeln, damit sie sich verfestigen. Die Eigelbe nun auf die halb garen Eiweiße setzen. Die Eigelbe mit 1 TL heißem Öl beträufeln, damit es sich besser mit dem Eiweiß verbindet, dann die Spiegeleier aus der Pfanne nehmen.

Zum Servieren das Gemüse mit der Hirse und dem Blattspinat vermischen und auf vorgewärmte Teller verteilen. Ein Spiegelei obenauf setzen, mit den Granatapfelkernen bestreuen und mit dem Olivenöl beträufeln.

ZUTATEN

2 Karotten (ich habe eine orangefarbene und eine gelbe verwendet), geschält, vom Wurzelende befreit und schräg in 5 mm dicke Scheiben geschnitten

1 Knolle Fenchel, geputzt, längs in dünne Scheiben gehobelt

½ rote Zwiebel, geschält und in dünne halbe Ringe geschnitten

2 Zehen Knoblauch, geschält und in Scheiben geschnitten

½ mittelscharfe grüne Chili (oder eine rote), in dünne Ringe geschnitten

85 g Butter

125 g Hirse

Etwa 150 ml Pflanzenöl zum Frittieren

4 große Bio-Eier

100 g Baby-Blattspinat

4 EL Granatapfelkerne

2 EL natives Olivenöl extra

Emmer, Kapern, gebackene Kräutertomaten, Röstkarotten und Parmesan

BEI RAUMTEMPERATUR SERVIEREN

Emmer ist eine Getreidesorte, der in den letzten Jahren sehr viel Aufmerksamkeit zuteilwurde, da Körner generell in unserer Alltagskost immer häufiger verwendet und aufgrund ihrer Nährstoffe zunehmend geschätzt werden. Ich mag seine Konsistenz und verwende ihn gerne in Salaten, serviere ihn aber auch mit gehacktem geröstetem Blumenkohl und mit einem Dressing aus Tahini und Naturjoghurt vermischt oder unter rohes Rinder- oder Lammhackfleisch geknetet und zu Patties geformt, die dann auf dem Grill landen. Geröstete Tomaten sind besonders im Sommer eine feine Sache, da sie durchs Garen noch einen Tick süßer werden, während die außerhalb der Saison erhältlichen Treibhaustomaten durch Rösten mehr Aroma erhalten.

ZUTATEN

300 g Emmer (Zweikorn), abgespült und abgetropft

½ Zwiebel, geschält und gehackt

1 Lorbeerblatt

1 TL Meersalzflocken

3 EL kleine Kapern

2 EL Rotweinessig

3 Karotten (ich habe orangefarbene und violette verwendet), geschält und längs halbiert

4 EL natives Olivenöl extra

1 TL frische abgezupfte Thymianblättchen

6 Roma-Tomaten, längs halbiert

1 TL grob gehackte Oreganoblättchen

½ TL gehackte Rosmarinnadeln

2 Handvoll Rucola

50 g Parmesan, mit einem scharfen Messer in Späne geschabt

[ZUBEREITUNG]

Den Backofen auf 170 °C vorheizen.

Zuerst den Emmer kochen. Dazu den Emmer in einen mittelgroßen Topf geben, so viel kaltes Wasser zugießen, dass es 3 cm hoch über den Körnern steht, dann die Zwiebel und das Lorbeerblatt hinzufügen. Zum Kochen bringen und den Deckel auflegen. Dann die Temperatur so weit senken, dass das Wasser nur noch kräftig köchelt, und den Emmer gar kochen, was etwa 40 Minuten dauert. Nach 20 Minuten 1 TL Meersalzflocken zugeben. Den Emmer in ein Sieb abgießen und in eine große Schüssel füllen. Bei Bedarf nachwürzen, dann die Kapern und den Essig untermischen. Abkühlen lassen.

Während der Emmer kocht, die Karotten in einen Bräter legen, mit 2 EL Öl beträufeln und der Hälfte des Thymians bestreuen, dann mit Salz und frisch gemahlenem schwarzem Pfeffer würzen und 2 EL Wasser zugeben. Etwa 30 Minuten rösten, bis sie gar sind. Ein Messer sollte sich ohne Widerstand durch die Karotten stechen lassen. Jede Karottenhälfte schräg in fünf oder sechs Stücke schneiden.

Die Tomatenhälften mit der Schnittfläche nach oben auf ein mit Backpapier ausgelegtes Backblech legen (so lässt es sich hinterher leichter reinigen). Den Oregano mit dem Rosmarin, dem restlichen Thymian und 2 EL Öl vermischen und die Tomaten damit beträufeln. Mit etwas Salz und frisch gemahlenem schwarzem Pfeffer bestreuen. Im Ofen 40–50 Minuten backen, bis die Tomaten etwas zusammengefallen sind und ein wenig Farbe angenommen haben.

Zum Servieren den Rucola locker mit dem Emmer vermischen und auf Tellern anrichten. Die Karotten und die Tomaten darauf verteilen, mit dem Garsud von beiden Gemüsen beträufeln und mit den Parmesanspänen bestreuen.

Salate mit Gemüse und Käse

KAPITEL 4

Butternusskürbis mit Kokosnuss, Radicchio, Chicoree und Feta

WARM ODER BEI RAUMTEMPERATUR SERVIEREN

ZUTATEN

600 g Fruchtfleisch vom Butternusskürbis, in große Stücke geschnitten

3 EL Kürbiskerne

½ TL Kreuzkümmelsamen

2½ EL natives Olivenöl extra

40 g Kokosraspel oder 100 g frisches Kokosfruchtfleisch, geraspelt (siehe Rezepteinleitung)

½ Radicchio, längs halbiert

1 heller (oder roter) Chicoree

125 g Feta, zerkrümelt

2 EL klein geschnittener Schnittlauch

Ausgelöste Kerne von ¼ Granatapfel

1 EL Zitronensaft

Solo als Vorspeise ganz köstlich, aber auch als Teil einer größeren Mahlzeit. Anstelle des Butternusskürbisses können Sie auch Gartenkürbis oder sogar Knollensellerie oder Pastinaken verwenden. Ich habe hier eine ganze Kokosnuss aufgebrochen (siehe Seite 13) und mit einem Sparschäler vom Fruchtfleisch Späne abgeschält. Sie können aber auch eine beliebige Sorte Kokosraspel verwenden – kurze oder lange Raspel oder Späne. Falls Sie Feta nicht mögen, ersetzen Sie ihn einfach durch grob geriebenen Pecorino, Manchego, reifen Cheddar oder Parmesan.

[ZUBEREITUNG]

Den Backofen auf 170 °C vorheizen.

Den Butternusskürbis mit den Kürbiskernen und den Kreuzkümmelsamen in einen Bräter geben, 1½ EL Öl und 1 EL Wasser hinzufügen. Mit etwas Salz (eher sparsam, der Feta ist bereits salzig) und frisch gemahlenem schwarzem Pfeffer bestreuen und vermischen. Im Ofen 20 Minuten rösten, dann die Kokosnuss untermischen. Mit dem Rösten fortfahren, dabei den Inhalt des Bräters alle 10 Minuten durchmischen, bis der Kürbis Farbe angenommen hat und ohne großen Widerstand mit einem Messer eingestochen werden kann. Das sollte 30–45 Minuten dauern.

Den Radicchio in Einzelblätter trennen, die dicken weißen Ansätze entfernen. Die größeren Außenblätter in kleinere Stücke zupfen. Vom Chicoree das untere Ende abschneiden und den Chicoree in Einzelblätter trennen. Größere Blätter längs halbieren.

Zum Servieren alle Zutaten mit dem restlichen Olivenöl vermischen und abschmecken.

Backofenkürbis, dampfgegarte Aubergine, Buchen- und Shiitakepilze, Kräutermascarpone und Parmesan

WARM SERVIEREN

ZUTATEN

800 g Gartenkürbis, geschält, Samen entfernt und in große Stücke geschnitten

2 TL Kreuzkümmelsamen

1 EL Rosmarinnadeln

2 EL Olivenöl

1 Aubergine, in Stäbchen geschnitten

200 g Shiitakepilze, Stiele entfernt und weggeworfen, Hüte in Spalten geschnitten

200 g Buchenpilze, in Stiele und Hüte getrennt

200 g Mascarpone (bei Raumtemperatur)

2 EL in Streifen geschnittene frische Gartenkräuter (wie Basilikum, Petersilie, Minze, Koriandergrün, Kerbel)

1 Frühlingszwiebel, in dünne Ringe geschnitten

2 Handvoll Blattsalat (ich habe Feldsalat verwendet, Baby-Blattspinat, Rucola oder Baby-Grünkohl eignen sich ebenfalls gut)

30 g Parmesan

1 saftige unbehandelte Zitrone

Ein Salat für den Herbst, mit herrlichen Aromen, die freigesetzt werden, wenn die Zitronenschale auf das warme Gemüse trifft. Sie können auch Maroni zum Gemüse geben, während es dampfgegart wird, was dem Salat zusätzlich Gehalt verleiht. Verwenden Sie hier Parmigiano Reggiano bester Qualität und nicht die billige Version, die nur ein müder Abklatsch wäre. Alternativ können Sie auch einen Käse wie Comté, einen reifen Pecorino oder Manchego oder sogar einen Weichkäse mit Blauschimmel verwenden.

[ZUBEREITUNG]

Den Backofen auf 180 °C vorheizen.

In einem Bräter den Kürbis mit dem Kreuzkümmel, dem Rosmarin und 2 EL Olivenöl vermischen. Locker mit Aluminiumfolie abdecken und 20 Minuten backen, dann die Folie entfernen und nochmals etwa 25 Minuten backen, bis der Kürbis eine appetitliche goldbraune Färbung angenommen hat.

In der Zwischenzeit die Aubergine 5 Minuten dampfgaren. Die Shiitake- und Buchenpilze ebenfalls in den Dampfgarer geben, behutsam vermischen und weitere 4 Minuten garen. Es ist möglicherweise leichter, sie separat in einem Dampfgarer mit mehreren übereinandergestapelten Einsätzen zu garen – denken Sie jedoch daran, dass die Aubergine eine längere Garzeit hat als die Pilze.

Den Mascarpone mit den Kräutern, der Frühlingszwiebel, 1 TL Salz und wenig frisch gemahlenem schwarzem Pfeffer vermischen.

Zum Servieren den Blattsalat auf Teller verteilen. Den Kürbis und die Pilze darauf anrichten. Mit einem Klecks Kräutermascarpone und frisch gehobeltem Parmesan garnieren. Die Schale von einer halben Zitrone darüberreiben, dann mit dem ausgepressten Saft der ganzen Zitrone beträufeln.

Geröstete Pastinaken und Sellerie, rauchiges Apfelkompott, Halloumi und Pistazien

WARM ODER BEI RAUMTEMPERATUR SERVIEREN

ZUTATEN

400 g Halloumi, in 1 cm dicke Streifen geschnitten

2–3 Tafeläpfel (500 g)

2 Streifen unbehandelte Orangenschale (ohne weiße Haut)

1 TL geräuchertes Paprikapulver (Pimentón de la Vera)

60 g (5 EL) Kristallzucker

2 Gewürznelken, grob zerstoßen

2 EL Apfelessig

600 g Pastinaken, geschält, halbiert und längs geviertelt

1 große Knolle Sellerie (600 g), geschält, halbiert und in 5 mm dicke Scheiben geschnitten

1 Stange Lauch, in 1 cm dicke Ringe geschnitten

1 EL gehackte gemischte mediterrane Kräuter (wie Rosmarin, Thymian, Oregano, Salbei)

2 TL Koriandersamen, zerstoßen

4 EL Olivenöl

2 Handvoll Blattsalat (ich habe Baby-Grünkohl verwendet)

50 g Pistazienkerne, geröstet und grob gehackt

1 EL natives Olivenöl extra

3 EL Zitronensaft

Die Kombination aus Apfelkompott, festem Halloumi und süßlich-mildem geröstetem Gemüse ist ganz wunderbar. Der Salat ist recht reichhaltig, aber auch ganz köstlich: Als ich ihn für dieses Fotoshooting zubereitet habe, war bis zum Mittagessen kaum noch etwas übrig! Die Methode, Halloumi auf diese Weise vorzubereiten, ist ein Trick, den ich von Tarik und Savas in Istanbul gelernt habe – seitdem habe ich es nie wieder anders gemacht. Es verwandelt einen sehr harten und salzigen Käse in so etwas wie einen festen Mozzarella.

[ZUBEREITUNG]

Den Backofen auf 180 °C vorheizen.

Den Halloumi in eine breite Schüssel oder Schale legen und mit so viel kochendem Wasser übergießen, dass er 3 cm hoch bedeckt ist. 1 Stunde einweichen, dann abtropfen lassen und mit Küchenpapier trocken tupfen.

Die Äpfel schälen und vom Kerngehäuse befreien, dann in Stücke schneiden. Mit der Orangenschale, dem geräucherten Paprikapulver, dem Zucker, den Gewürznelken, dem Essig und ½ TL Salz in einen Topf geben. Zum Köcheln bringen, den Deckel auflegen und garen, bis die Apfelstücke weich sind, gelegentlich umrühren. Sobald die Äpfel gar sind, den Deckel abnehmen und bei niedriger Temperatur weiterköcheln, bis die Flüssigkeit um die Hälfte eingekocht ist. Den Herd ausschalten und mit geschlossenem Deckel an einem warmen Ort stehen lassen.

Die Pastinaken, den Knollensellerie, den Lauch, die Kräuter, die Koriandersamen und 2 EL Olivenöl in einem Bräter vermischen, mit Salz und frisch gemahlenem schwarzem Pfeffer würzen. Etwa 40 Minuten im Ofen rösten, bis sich alles goldbraun gefärbt hat, ab und zu durchmischen.

In einer Pfanne 1 EL Olivenöl bei mittlerer Temperatur erhitzen. Die Hälfte des Halloumis von beiden Seiten darin goldbraun braten. Auf einen vorgewärmten Teller legen und die andere Hälfte im restlichen Olivenöl anbraten.

Zum Servieren den Blattsalat mit dem Röstgemüse vermischen und auf eine Platte geben. Den Halloumi in Stücke brechen, falls es sich um lange Streifen handelt, und darauf anrichten. Das Apfelkompott und den Garsud darüber verteilen. Mit den Pistazien bestreuen, mit dem nativen Olivenöl extra und dem Zitronensaft beträufeln und mit etwas Salz bestreuen.

Baby-Rote-Beten, Dicke Bohnen, Estragon, Ziegenquark und Haselnüsse

BEI RAUMTEMPERATUR SERVIEREN

ZUTATEN

700 g gemischte Baby-Beten inklusive Laub

85 ml Branntweinessig

2 EL Zitronensaft

2 TL englischer Senf

300 g gepalte Dicke Bohnen (1,2 kg vor dem Palen)

4 EL abgezupfte Blättchen Estragon

1½ EL natives Olivenöl extra

200 g Ziegenquark

50 g Haselnusskerne, geröstet, Häute abgerubbelt, grob zerstoßen

Diesen optisch und kulinarisch sehr ansprechenden Salat können Sie zu Hause, am Strand oder beim Picknick servieren. Auch sehr fein mit gegrilltem Fisch, Lammbraten oder kaltem Brathähnchen. Wenn möglich, Beten in mehr als einer Farbe verwenden: Der optische Effekt lohnt sich. Die Beten dann in separaten Töpfen garen, damit sie sich nicht verfärben. Die Estragonmenge mag Ihnen möglicherweise viel zu reichlich erscheinen, junger Estragon besitzt jedoch ein so erfrischendes Anisaroma, dass es in diesem Fall eigentlich gar kein Zuviel gibt!

[ZUBEREITUNG]

Von den Beten das Laub und die Stiele 1 cm über den Knollen entfernen. Alle Blättchen entfernen, die nicht frisch aussehen, den Rest (Laub und Stiele) in 4 cm lange Stücke schneiden. Mit kaltem Wasser abspülen, um Schmutzreste zu entfernen, dann abtropfen lassen und beiseitestellen.

Die Beten in lauwarmem Wasser waschen, um sie von Schmutz zu befreien, dann mit dem Essig und 2 TL feinem Salz in einen Topf geben. So viel kaltes Wasser zugießen, dass sie 3 cm hoch bedeckt sind, und zum Kochen bringen. Danach die Temperatur senken, sodass sie nur noch köcheln, und ohne Deckel – je nach Größe – 20–40 Minuten sanft garen, bis sich ein Spieß leicht hindurchstechen lässt.

Im Pochiersud 20 Minuten abkühlen lassen, dann abgießen und von Hand oder mithilfe eines kleinen Messers die Schale entfernen. Am besten, Sie tragen Haushaltshandschuhe, wenn Sie Rote Beten gewählt haben, um intensiv rote Flecken auf der Haut zu vermeiden. Zu große Exemplare halbieren, mit dem Zitronensaft und dem Senf vermischen.

Während die Beten garen, in einem weiteren Topf leicht gesalzenes Wasser zum Kochen bringen und die Betenblätter darin 90 Sekunden garen, dann abgießen und in einer Schüssel Eiswasser abschrecken. Erneut abgießen und überschüssige Flüssigkeit ausdrücken.

Die Dicken Bohnen je nach Größe 2–4 Minuten in gesalzenem Wasser kochen. Abgießen, in kaltem Wasser abschrecken und von den grauen Häuten befreien. Mit dem Estragon und dem Olivenöl vermischen.

Zum Servieren die Beten mit der Marinade und den Blättern vermischen und auf einer Platte anrichten. Die dicken Bohnen mit der Estragonmarinade darüber verteilen. Den Ziegenquark in Klecksen daraufsetzen, dann mit den Haselnüssen bestreuen.

Ziegenquark, Gelbe Bete, Trauben, pochierte Birne und *ajo blanco*

BEI RAUMTEMPERATUR SERVIEREN

ZUTATEN

1 unbehandelte Zitrone, geschält (möglichst ohne weiße Innenhaut an der Schale), ausgepresst

2 EL Zitronensaft

85 g extrafeiner Zucker

1 Lorbeerblatt

3 Birnen (Comice, Anjou oder Conference)

½ mittelscharfe grüne Chili, in dünne Ringe geschnitten

250 g Gelbe Bete, geschält und in 5 mm dicke Scheiben gehobelt

300 g Ziegenquark (oder ein anderer Frischkäse)

100 g weiße und blaue kernlose Trauben, in dünne Scheiben geschnitten

50 g Mandelblättchen, leicht geröstet

Etwas Kresse zum Garnieren (ich habe Blutampfer verwendet)

AJO BLANCO

50 g ganze Mandelkerne, geschält (siehe oben)

2 Zehen Knoblauch, geschält und in Scheiben geschnitten

1 Scheibe Sauerteigbrot (30 g), Kruste abgeschnitten, geröstet und in Stücke gebrochen

2 EL Sherryessig

¾ TL Meersalzflocken

4 EL Olivenöl

Ajo blanco ist eine gekühlte Suppe aus Andalusien, die ich schon oft und mit viel Genuss verspeist habe, gewöhnlich mit halbierten Trauben als Garnitur. Hier verwende ich es als großzügig bemessenes Dressing. Bei den Mandeln erhalten Sie das beste Ergebnis, wenn Sie ganze Mandeln mit Haut kaufen, die Sie dann selbst abziehen. Dazu die Mandeln einfach in eine hitzefeste Schüssel geben und mit so viel kochendem Wasser übergießen, dass sie 3 cm hoch bedeckt sind. Abkühlen lassen, dann lässt sich die braune Haut leicht abziehen. Den Salat auf vorgekühlten Tellern anrichten und frisch geröstetes knuspriges Brot dazu servieren.

[ZUBEREITUNG]

Zuerst die Birnen pochieren. Dafür die Zitronenschale, den Zitronensaft und die zusätzlichen 2 EL Zitronensaft mit dem Zucker und dem Lorbeerblatt in einen mittelgroßen Topf geben. So viel Wasser zugießen, dass es 5 cm hoch im Topf steht, und zum Kochen bringen, dann die Temperatur so weit reduzieren, dass das Wasser nur noch köchelt. Die Birnen schälen, halbieren, vom Kerngehäuse befreien und in den Pochiersud legen. Sie müssen vollständig im Sud liegen, daher bei Bedarf etwas kochendes Wasser nachfüllen. Mit einem passgenau zugeschnittenen Stück Backpapier abdecken oder einen Deckel auflegen, dann die Temperatur nochmals senken, sodass der Sud nur noch leise köchelt. 30 Minuten garen, dann 10 Minuten im Sud abkühlen lassen und mit einem Sieblöffel herausheben. Nach dem Abkühlen längs in 5 mm dicke Scheiben schneiden.

Die Chili in den Sud geben. Zum Kochen bringen und um die Hälfte einkochen lassen. Die Gelbe Bete hinzufügen und etwa 10 Minuten kochen, bis sie sich mit einem Messer mit dünner Klinge durchstechen lässt. Im Sud abkühlen lassen. Vor der Weiterverwendung abtropfen lassen.

Als Nächstes die *ajo blanco* zubereiten. Dazu die Mandeln mit dem Knoblauch, dem Brot und dem Sherryessig in einen Mixer füllen, dann ¾ TL Meersalzflocken und 200 ml Eiswasser hinzufügen und 10 Minuten quellen lassen. Dann 20 Sekunden auf höchster Stufe pürieren und nach und nach bei laufendem Motor das Olivenöl in dünnem Strahl zugießen. Falls die Konsistenz sehr dick ist, noch etwas Eiswasser hinzufügen. Bei Bedarf mit mehr Salz oder Sherryessig nachwürzen. Die *ajo blanco* lässt sich einen Tag im Kühlschrank aufbewahren. In ein Schraubverschlussglas abfüllen und vor der Verwendung kräftig schütteln.

Zum Servieren die Gelbe Bete auf Tellern anrichten und mit den Birnen belegen. Kleine Kleckse Ziegenquark daraufsetzen, dann die *ajo blanco* drumherum verteilen und mit den Trauben, den Mandelblättchen und der Kresse garnieren.

FÜR 4 PERSONEN ALS HAUPTGERICHT
ODER FÜR 6 PERSONEN ALS VORSPEISE

Gebackener Ricotta und Röstkarotten mit Feigen und rauchigem Mandelkrokant

BEI RAUMTEMPERATUR SERVIEREN

ZUTATEN

½ TL Öl

500 g Ricotta

40 g Parmesan, gerieben

½ TL frische abgezupfte Thymianblättchen

½ TL Meersalzflocken

¼ TL Chiliflocken

1 TL Schwarzkümmelsamen

2 EL natives Olivenöl extra

300 g kleine Karotten, abgeschrubbt

6 Feigen

1 Handvoll Blattsalat (ich habe Baby-Grünkohl, Rucola und Brunnenkresse verwendet)

6 unbehandelte Kumquats, die Enden abgeschnitten und weggeworfen, in dünne Scheiben geschnitten, Kerne entfernt

1 Zitrone

Kresse zum Garnieren (ich habe rote Kresse verwendet)

85 g rauchiger Mandelkrokant (siehe Seite 124), in Stücke gebrochen

Durch das Backen wird der relativ geschmacksneutrale und bröckelige Käse deutlich fester und durch das Würzen sehr aromatisch – wenn Sie erst einmal den Bogen heraushaben, können Sie mit den Gewürzen und Aromen herumspielen. Der Mandelkrokant (siehe Seite 124) wird durch die Zugabe von geräuchertem Paprikapulver noch besser. Das Rezept ergibt mehr Krokant, als hier verwendet wird – es ist schwierig, kleinere Mengen davon herzustellen –, ich bin mir jedoch ganz sicher, dass er reichlich Abnehmer finden wird! Die Feigen müssen unbedingt richtig reif und prall sein, damit sie im Salat die gewünschte Wirkung erzielen.

[ZUBEREITUNG]

Den Backofen auf 175 °C vorheizen. Eine ofenfeste quadratische Form (20 × 20 cm) mit ½ TL Öl einfetten.

Den Ricotta in eine Schüssel krümeln und mit der Hälfte des Parmesans, dem Thymian und ½ TL Meersalzflocken vermischen. Fest in die vorbereitete Form drücken. Mit den Chiliflocken, der Hälfte der Schwarzkümmelsamen und dem restlichen Parmesan bestreuen. Mit 2 TL Olivenöl beträufeln. Im Ofen 25 Minuten goldbraun backen, dann aus dem Ofen nehmen und abkühlen lassen.

Während der Ricotta backt, die Karotten rösten. Dazu die Karotten in eine Auflaufform legen und mit 1 TL Olivenöl, den restlichen Schwarzkümmelsamen und etwas Salz und frisch gemahlenem schwarzem Pfeffer vermischen. Dann rösten, bis sie sich mit einem scharfen Messer ganz leicht durchstechen lassen, was je nach Größe etwa 25 Minuten dauert. Abkühlen lassen.

Je nach Größe und Form der verwendeten Feigen diese entweder in Scheiben oder in Spalten schneiden. Ich musste meine Feigen schälen, da die Haut beschädigt war, Sie können sie im Normalfall jedoch ungeschält lassen.

Zum Servieren den Blattsalat auf Tellern verteilen, die Karotten darauflegen. Die Feigen und die Kumquatscheiben dazwischen arrangieren. Den Ricotta in große Stücke brechen und obenauf setzen. Die Zitrone über dem Salat auspressen und alles mit dem restlichen Olivenöl beträufeln, mit der Kresse bestreuen und mit Krokantstücken garnieren.

Rauchiger Mandelkrokant

[ZUBEREITUNG]

ZUTATEN

85 g Mandelblättchen, leicht geröstet

½ TL geräuchertes Paprika-pulver (Pimentón de la Vera)

¼ TL Meersalzflocken

150 g extrafeiner Zucker

Ein Stück Backpapier auf der Arbeitsfläche ausbreiten. In einer Schüssel die Mandel-blättchen mit dem geräucherten Paprikapulver und ¼ TL Meersalzflocken vermischen.

Den Zucker in eine saubere, trockene mittelgroße Pfanne füllen und bei mittlerer Tem-peratur ohne Umrühren schmelzen. Sie können die Pfanne sanft schwenken, um sicher-zustellen, dass der Zucker gleichmäßig schmilzt und bräunt, jedoch nicht rühren — wenn der Zucker auskristallisiert, müssen Sie noch mal von vorne beginnen. Sobald der Zucker eine kräftig karamellbraune Farbe angenommen hat, den Herd ausschalten und die Mandeln hinzufügen. Die Mandeln mit dem Karamell verrühren, sodass sie damit überzogen sind, dann auf das Backpapier gießen.

Mit einem zweiten Stück Backpapier bedecken und mit einem Rollholz so dünn wie möglich ausrollen, während der Karamell noch heiß ist. Abkühlen lassen, dann in einem luftdicht verschließbaren Behälter aufbewahren.

Gegrillte Karotten, Manchego, Orange, Agave, Pecannüsse und Sultaninen

WARM ODER BEI RAUMTEMPERATUR SERVIEREN

ZUTATEN

600 g Karotten, geschält, längs halbiert

3 EL Olivenöl

2 Orangen, filetiert

3 EL Agavendicksaft (oder Ahornsirup)

50 g Sultaninen (ich habe wunderbare grüne aus der Türkei verwendet)

100 g Pecannusskerne, geröstet und gehackt

1 Frühlingszwiebel, in dünne Ringe geschnitten

1 Handvoll Blattsalat (ich habe Rucola verwendet)

60 g Manchego

Dieser relativ einfache Salat wird noch attraktiver, wenn Sie verschiedenfarbige Karotten verwenden. Ich fand, dass die Kombination von nur zwei Farben hier gut funktioniert, und entschied mich gegen die violette Sorte. Ich habe das Rezept auch schon mit Baby-Karotten zubereitet, was optisch und geschmacklich ebenfalls sehr gelungen ist. Bei Manchego handelt es sich um einen fantastischen spanischen Schafsmilchkäse aus der La-Mancha-Region nahe Madrid. Wenn Sie möchten, können Sie auch Sorten wie den britischen Wigmore oder Berkswell, italienischen Pecorino oder andere feste Schafskäse verwenden, die sich zum Garnieren des Salats in Späne oder Scheiben hobeln lassen. Agavendicksaft ist ein wunderbar erdig-süßer Sirup, der perfekt mit den Pecannüssen harmoniert und eigentlich in den meisten Bioläden zu finden sein sollte – falls Sie keinen auftreiben können, ersetzen Sie ihn durch Ahornsirup.

[ZUBEREITUNG]

Die Karotten 6 Minuten dampfgaren oder in gesalzenem Wasser kochen. Falls Baby-Karotten verwendet werden, nur 4 Minuten garen. In ein Sieb abgießen und abtropfen lassen. Mit 1 EL Öl bestreichen und mit Salz und frisch gemahlenem schwarzem Pfeffer würzen, dann in einer Pfanne mit schwerem Boden braten, bis sie auf beiden Seiten Farbe angenommen haben und durchgegart sind, was je nach Größe 3–4 Minuten dauert. Abkühlen lassen.

Die Orangenfilets mit dem Saft vermischen, der sich durch das Auspressen der Trennhäute noch erzielen lässt. Den Agavendicksaft, die Sultaninen und die Pecannusskerne hinzufügen. 10 Minuten ziehen lassen, dann das restliche Öl zugeben. Mindestens 20 Minuten ziehen lassen, damit die Sultaninen etwas von der Flüssigkeit aufsaugen können, ab und zu durchmischen. Unmittelbar vor dem Servieren die Frühlingszwiebel untermischen.

Zum Servieren die Karotten auf eine Platte oder auf Teller legen. Den Blattsalat darauf verteilen, dann die Orangen-Sultaninen-Pecannuss-Mischung darauf anrichten. Beim Servieren den Manchego darüberhobeln.

Blauschimmelkäse, Walnüsse, Trauben, Cranberrys, Birne und Arganöl

WARM ODER BEI RAUMTEMPERATUR SERVIEREN

ZUTATEN

3 Birnen, halbiert, vom Kerngehäuse befreit und jeweils längs in 6 Spalten geschnitten

150 g kernlose Trauben

50 g getrocknete Cranberrys (oder getrocknete Blaubeeren, Korinthen oder kernlose Sultaninen)

75 ml (5 EL) frisch gepresster Orangensaft

1 EL Granatapfelsirup

1 EL Olivenöl

2 Radicchio oder Chicoree, in Einzelblätter getrennt, größere längs halbiert (ich habe hier roten Radicchio di Treviso verwendet, heller Chicoree sieht jedoch auch gut aus)

4 Blätter weißer Radicchio (Radicchio di Castelfranco), zerzupft

6 Blätter Frisée (oder Brunnenkresse, Rucola oder Feldsalat), zerzupft

1 EL Arganöl

100 g Blauschimmelkäse, in Stücke gebrochen

85 g Walnusskerne, geröstet und in grobe Stücke gebrochen

Es mag nicht besonders innovativ klingen, einen Salat aus Blauschimmelkäse, Birne, Walnuss und Chicoree oder Radicchio zuzubereiten, hierbei handelt es sich jedoch um eine ganz köstliche Spielerei mit der klassisch französischen Kombination. Die Birnen werden zuerst mit den Trauben, den getrockneten Cranberrys, dem Orangensaft und dem Granatapfelsirup im Ofen geröstet, wodurch alles gleich noch mal so gut schmeckt! Verwenden Sie reife, aber feste Kochbirnen, die Sie nicht zu schälen brauchen. Ich empfinde diesen Salat als ziemlich reichhaltig, daher serviere ich lieber eine kleine Portion als Vorspeise – vielleicht mögen Sie ihn ja auch als Hauptgericht. Arganöl ist eine der besten Zutaten, die die kulinarische Welt zu bieten hat. Die Früchte werden in Marokko traditionell von Frauen geerntet. Es lohnt sich unbedingt, nach diesem wunderbaren Öl zu suchen – auch wenn es teuer ist. Falls Sie es jedoch nicht finden können, ersetzen Sie es durch Haselnuss- oder Walnussöl. Ich habe hier französischen Roquefort verwendet; englischer Stilton, spanischer Cabrales oder italienischer Gorgonzola sind jedoch genauso gut geeignet.

[ZUBEREITUNG]

Den Backofen auf 170 °C vorheizen.

In einem säurebeständigen Bräter die Birnen, die Trauben, die Cranberrys, den Orangensaft und den Granatapfelsirup vermischen, sodass alles gleichmäßig überzogen ist. Mit ½ TL Salz bestreuen und dem Olivenöl beträufeln. Mit Backpapier locker abdecken und 15 Minuten im Ofen schmoren. Das Papier entfernen und unter gelegentlichem Rühren etwa 20 Minuten garen, bis der Großteil der Flüssigkeit verdampft ist. 10 Minuten abkühlen lassen.

In einer großen Schüssel alle Salatblätter mit dem Arganöl vermischen.

Zum Servieren den Blattsalat mit den Birnen und dem Schmorsud auf Teller oder einer Platte verteilen. Zuerst mit dem Blauschimmelkäse, dann mit den Walnüssen bestreuen.

Panierter Camembert mit Apfel, Mango, Blattsalat und Radieschen

SALAT BEI RAUMTEMPERATUR, KÄSE WARM SERVIEREN

ZUTATEN

1 reifer Camembert (etwa 250 g), gekühlt, sodass er fest genug zum Panieren ist

50 g Weizenmehl

1 Ei, verquirlt

100 g Semmelbrösel

1 Mango, geschält und in Scheiben geschnitten

2 knackige Tafeläpfel, geviertelt, vom Kerngehäuse befreit und in Juliennestreifen geschnitten

6 Radieschen, in dünne Scheiben gehobelt

1 EL flüssiger Honig

1½ EL Limettensaft

½ TL fein abgeriebene unbehandelte Limettenschale

Öl zum Frittieren

1 Handvoll Blattsalat (ich habe Baby-Grünkohl verwendet)

Was könnte besser sein als frittierter Käse in knuspriger Hülle? Ob Sie nun Ziegenkäse, mit Kräutern und getrockneter Chili vermischten und zu Kugeln gerollten Ricotta oder zusammengedrückte gemischte Käsereste nehmen – oder wie hier Camembert: Dadurch, dass der Käse auf diese Weise frittiert wird, schmeckt er wie ein gegrilltes Käse-Toast-Sandwich! Kulinarische Puristen empfinden die Kombination eines französischen Käseklassikers mit Mango vielleicht als eigenartig, aber schon meine italienische Burrata mit Mangodressing (siehe Seite 138) liefert den eindeutigen Beweis, dass Mango ein hervorragender Begleiter zu Käse ist. Da der Käse sehr reichhaltig ist, empfehle ich, den Salat eher als Vorspeise zu servieren und nicht unbedingt als Hauptgericht.

[ZUBEREITUNG]

Den Camembert in Viertel schneiden. Zuerst in mit Salz und frisch gemahlenem schwarzem Pfeffer gewürztem Mehl wenden, dann im verquirlten Ei und danach behutsam in den Semmelbröseln, dabei darauf achten, dass der Käse ringsum gleichmäßig damit überzogen ist. Zum Festwerden mindestens 20 Minuten in den Kühlschrank stellen.

Die Mango mit den Äpfeln, den Radieschen, dem Honig, dem Limettensaft und der Limettenschale in einer großen Schüssel vermischen. Beim Vermischen verbindet sich der Honig mit dem Dressing. Mit Salz abschmecken.

Das Öl 5 cm hoch in einen mittelgroßen Topf füllen und auf 180 °C erhitzen.

Sobald alles andere vorbereitet ist, die Käseviertel im heißen Öl von allen Seiten goldbraun frittieren und dann auf Küchenpapier abtropfen lassen. Falls der Käse an manchen Stellen aus der Panierung ins heiße Öl austritt, den Käse vorsichtig herausnehmen – jedoch nicht, bevor er nicht goldbraun gefärbt ist.

Zum Servieren den Blattsalat auf vier Teller verteilen und den Mangosalat darauf anrichten. Je ein frittiertes Camembertviertel obenauf setzen und halbieren, sodass der geschmolzene Käse appetitlich über den Salat fließt. Heiß genießen.

Mozzarella, in Sherryessig marinierte Medjool-Datteln, Schmortomaten und Dukkah

BEI RAUMTEMPERATUR SERVIEREN

ZUTATEN

1 große Schalotte, geschält und in dünne Ringe geschnitten

3 EL Olivenöl

2 TL fein gehackter oder geriebener Ingwer

4 EL Sherryessig

8 Medjool-Datteln, längs geviertelt, Kerne entfernt

2 Zehen Knoblauch, geschält und in dünne Scheiben geschnitten

500 g Kirschtomaten

300 g Mozzarella (bei Raumtemperatur)

3 EL abgezupfte Gartenkräuter (wie Basilikum, Kerbel, Majoran, Fenchelgrün)

2 Handvoll Blattsalat (ich habe Brunnenkresse, Baby-Grünkohl und Rucola verwendet)

4 EL Dukkah (siehe Seite 134)

Durch das Marinieren in etwas Säuerlichem wie Sherryessig – oder auch mit Limettensaft gemischtem Orangensaft – wird der Effekt der süßen, sättigenden Medjool-Datteln im Salat etwas gezähmt, es verleiht ihnen jedoch auch zusätzliche Geschmacksnuancen. Zusammen mit Mozzarella (ich nehme hier wunderbar frischen Büffelmozzarella) eine absolute Traumkombination. Bei Dukkah (auch duqqa geschrieben) handelt es sich um eine ägyptische Gewürzmischung auf Haselnussbasis. Es lohnt sich, die Menge im Rezept auf Seite 134 zuzubereiten und sie in einem luftdicht verschließbaren Behälter aufzubewahren: Auch wenn es viel mehr ergibt, als in diesem Rezept benötigt wird, wird es garantiert nicht alt werden – probieren Sie Dukkah als Dip für Brot, das zuvor mit Olivenöl getränkt wurde. Für mein Dukkah habe ich Mandel- und Pinienkerne verwendet, Sie können jedoch jede beliebige geröstete Nuss nach eigener Wahl verwenden.

[ZUBEREITUNG]

Die Schalotte in 1 EL Öl etwa 5 Minuten bei mittlerer Temperatur anschwitzen, bis sie karamellisiert ist, dabei häufig rühren. Den Ingwer und den Sherryessig hinzufügen und zum Kochen bringen. Vom Herd nehmen und die Datteln unterrühren. Den Deckel auflegen und mindestens 1 Stunde ziehen lassen, währenddessen zweimal umrühren.

In einer großen Pfanne das restliche Öl bei mittlerer Temperatur erhitzen. Den Knoblauch zugeben und kurz anschwitzen. Die Kirschtomaten hinzufügen und unter sanftem Rühren garen, bis sie aufzuplatzen beginnen und einige auseinanderfallen. Den Herd ausschalten und in der Pfanne abkühlen lassen.

Den Mozzarella in große Stücke schneiden oder reißen und behutsam mit den Kräutern vermischen.

Zum Servieren die Salatblätter auf eine Platte oder auf Teller legen. Den Mozzarella daraufsetzen, dann die Tomaten mit ihrem Garsud und die Datteln mitsamt der Flüssigkeit darüber verteilen. Zum Schluss mit dem Dukkah bestreuen.

Mandel-Pinienkern-Dukkah

[ZUBEREITUNG]

Eine Pfanne mit schwerem Boden bei mittlerer bis niedriger Temperatur auf dem Herd erhitzen. Die Koriander-, Fenchel-, Kreuzkümmel- und Sesamsamen hineingeben und rösten, bis sie aromatisch zu duften beginnen, dabei die Pfanne immer wieder schwenken. Achten Sie darauf, dass die Samen nicht zu dunkel werden: Sie brennen schnell an – und falls dies geschieht, müssen Sie noch mal von vorn beginnen! Sind die Samen fertig geröstet, diese auf einen Teller geben und abkühlen lassen.

Die gerösteten Samen mit dem geräucherten Paprikapulver im Mörser zerstoßen. Die Mandelkerne, die Pinienkerne und 1 TL Meersalzflocken hinzufügen und grob zerstoßen. Möglicherweise müssen Sie diesen Schritt in zwei Portionen durchführen.

In einem luftdicht verschließbaren Behälter ist das Dukkah 2 Wochen haltbar.

ZUTATEN

1 EL Koriandersamen

1 TL Fenchelsamen

1 TL Kreuzkümmelsamen

2 EL Sesamsamen (schwarze oder weiße oder eine Mischung aus beiden)

½ TL mildes geräuchertes Paprikapulver (Pimentón de la Vera dulce)

100 g Mandelkerne, geröstet

50 g Pinienkerne, geröstet

1 TL Meersalzflocken

Gegrillter Mais und grüner Spargel mit Ricotta, Gojibeeren und getrüffeltem Honigdressing

WARM ODER BEI RAUMTEMPERATUR SERVIEREN

Dieser Salat kann als Vorspeise oder als Beilage serviert werden. Wenn Sie ihn als Hauptgericht servieren möchten, können Sie in dünne Scheiben geschnittenes Brathähnchen, in Stücke gezupfte Räucherforelle oder Räucherlachs, in Streifen geschnittenen gekochten Schinken oder frisch angebratene, noch brutzelnde Speckstreifen darauf anrichten. Sehr fein auch mit geschälten und in Scheiben geschnittenen frischen Feigen. Bei Trüffelöl scheiden sich die Geister – meistens handelt es sich dabei nämlich um ein aromatisiertes Öl, das niemals eine echte Trüffel auch nur gesehen hat. Ich mag es trotzdem, ich mag die leicht bittere Note, die an Trüffel erinnert und ziemlich fein schmeckt – vorausgesetzt, es wird sparsam eingesetzt. Alternativ können Sie die Trüffel komplett weglassen und stattdessen Arganöl, Chiliöl, Steinpilzöl oder sogar ein wunderbar aromatisches Zitronen- oder Orangenöl verwenden. Gojibeeren sind farbenfroh und schmecken gut (sie sind leicht säuerlich) und sollen auch noch gesund sein. Sie können Sie getrocknet verwenden, ich weiche sie gern ein und gare sie vor der Weiterverwendung kurz.

ZUTATEN

2 Kolben Mais, Hüllblätter
entfernt

1½ TL natives Olivenöl extra

800 g grüner Spargel,
trockene Enden entfernt und
weggeworfen (nach dem
Putzen etwa 450 g), danach
das untere Drittel der Stangen
geschält

2 EL Gojibeeren

2 Handvoll Blattsalat (ich
habe Feldsalat verwendet)

250 g Ricotta

2 EL Sonnenblumenkerne,
ohne Fettzugabe in einer
Pfanne oder im Ofen leicht
geröstet

1 unbehandelte Orange

GETRÜFFELTES
HONIGDRESSING

1½ EL natives Olivenöl extra

1½ TL Trüffelöl

2 TL flüssiger Honig

2 EL Zitronensaft

1 TL Sojasauce (oder ½ TL
Meersalzflocken)

[ZUBEREITUNG]

Zuerst den Mais und den grünen Spargel grillen. Dazu eine Pfanne mit schwerem Boden bei mittlerer bis hoher Temperatur stark erhitzen, bis sie sehr heiß geworden ist. Die Maiskolben mit ½ TL des Olivenöls einpinseln und in der Pfanne braten; wenn sie sich goldbraun färben, wenden. Wenn sie ringsum (fast) vollständig Farbe angenommen haben, aus der Pfanne nehmen und auf einem Teller abkühlen lassen.

Sobald sie so weit abgekühlt sind, dass man sie anfassen kann, die Maiskolben in 1 cm dicke Scheiben schneiden. Ein feuchtes Geschirrtuch auf die Arbeitsfläche und darauf ein Schneidbrett legen (damit es nicht verrutscht). Die Maiskolben nacheinander einzeln auf das Schneidbrett legen. Zum Schneiden ein großes Messer verwenden. Es wird nicht funktionieren, die Kolben mit der Messerspitze zu schneiden, daher das Messer direkt über dem Griff ansetzen, fest nach unten drücken und den Kolben ganz durchtrennen.

Den Spargel mit 1 TL Olivenöl mischen und in der Pfanne anbraten, bis er Farbe angenommen hat, dabei die Stangen wenden. Eine fingerdicke Stange benötigt etwa 90 Sekunden bei hoher Temperatur, bis sie gar ist. Danach aus der Pfanne nehmen und abkühlen lassen.

Die Gojibeeren in einen kleinen Topf geben, so viel Wasser zufügen, dass sie gerade eben bedeckt sind, und zum Simmern bringen. Köcheln lassen, bis das Wasser verdampft (dadurch werden die Beeren rehydriert), dann abkühlen lassen.

Alle Dressingzutaten in ein Schraubverschlussglas mit dicht schließendem Deckel füllen und kräftig schütteln. Probieren, ob nachgewürzt werden muss, und bei Bedarf mehr Sojasauce oder Zitronensaft verwenden.

Zum Servieren den Blattsalat auf einer Platte anrichten. Den Spargel und den Mais darauf verteilen. Den Ricotta von Hand in Stückchen brechen und ebenfalls darüber verteilen. Mit den Sonnenblumenkernen und den Gojibeeren bestreuen. Das Dressing nochmals aufschütteln und über den Salat träufeln. Mit einer feinen Reibe ½ TL Schale von der Orange direkt über den Salat reiben, dann den Saft von einer Hälfte der Orange darüber auspressen.

Burrata und Tomaten mit Mangodressing

BEI RAUMTEMPERATUR SERVIEREN

ZUTATEN

600 g Tomaten

Meersalzflocken zum Bestreuen

1 Burrata (250–300 g)

1 Frühlingszwiebel, in dünne Ringe geschnitten, abgespült und abgetropft

MANGODRESSING

1 perfekt reife Mango (etwa 250–300 g), geschält, Fruchtfleisch vom Kern gelöst

15 Blättchen Basilikum

½ Zehe Knoblauch, geschält und in Scheiben geschnitten

2 TL fein gehackter Ingwer

¼ mittelscharfe grüne Chili, gehackt (inklusive Samen)

¼ TL fein abgeriebene unbehandelte Zitronenschale

2 EL Zitronensaft

3 EL Pflanzenöl

Eines der herausragenden Gerichte beim ersten Fotoshooting für dieses Buch. Die Burrata hätte nicht frischer sein können, gerade erst eingetroffen aus dem italienischen Puglia, bei der Mango handelte es sich um eine Alphonso-Mango aus Indien, reif und aromatisch, die Tomaten waren perfekt gefärbt und voll intensivem Sommer-Sonnenschein-Geschmack. Jetzt musste ich nur noch ein Dressing kreieren, das alles harmonisch miteinander verbindet. Achten Sie darauf, dass die Mango sehr reif ist, und machen Sie lieber einen Bogen um Gewächshaustomaten – sonnenverwöhnte alte Tomatensorten sind hier sowohl optisch als auch geschmacklich einfach die beste Wahl.

[ZUBEREITUNG]

Für das Mangodressing alle Zutaten außer dem Öl in einen Krug geben und mit einem Stabmixer fein pürieren. Das Öl langsam zugießen und nochmals 20 Sekunden pürieren. Mit Salz abschmecken. Alternativ das Dressing im Mixer zubereiten, was aufgrund der geringen Menge eventuell nicht ganz so gut funktioniert.

Die Tomaten in dünne Scheiben schneiden und auf einer Platte anrichten. Mit etwas schwarzem Pfeffer übermahlen und mit Meersalzflocken bestreuen.

Falls Ihre Burrata einen festen »Knubbel« hat, schneiden Sie ihn ab und schneiden ihn in Scheiben. Dann die Burrata in Stücke brechen. Die Burratascheiben und -stücke auf den Tomaten anrichten.

Mit dem Dressing beträufeln, mit der in Ringe geschnittenen Frühlingszwiebel bestreuen und sofort servieren.

Gegrillte Zucchini und Brokkolini, Stangenbohnen, Cranberrys und Bocconcini

BEI RAUMTEMPERATUR SERVIEREN

ZUTATEN

30 g getrocknete Cranberrys

½ TL frische abgezupfte Thymianblättchen

2 EL Zitronensaft

3 EL Olivenöl

4 Zucchini, beide Enden abgeschnitten, längs in 5 mm dicke Scheiben geschnitten

250 g Brokkolini, nur 30 Sekunden blanchiert, dann abgeschreckt und abgetropft

300 g Stangenbohnen, die Enden abgeschnitten, schräg in Stücke geschnitten, 3 Minuten blanchiert, dann abgeschreckt

6 Blätter Radicchio, in Streifen geschnitten

12 Bocconcini (300–400 g)

Dieser Salat macht sich gut als Teil eines familiären Abendessens neben einfacheren Salaten, bei dem die Schüsseln zwanglos herumgereicht werden. Falls Sie keine Bocconcini (sehr kleine Mozzarellakugeln) auftreiben können, schneiden Sie einfach größere Mozzarellakugeln in Spalten oder teilen Sie sie von Hand in Stücke. Anstelle der getrockneten Cranberrys können Sie nach persönlicher Vorliebe auch getrocknete Kirschen, getrocknete Blaubeeren oder Sultaninen verwenden.

[ZUBEREITUNG]

In einem kleinen Topf die Cranberrys mit dem Thymian, dem Zitronensaft und 1 EL Olivenöl zum Kochen bringen, dabei umrühren. 5 Minuten köcheln lassen, dann vom Herd nehmen und mindestens 30 Minuten ziehen lassen.

Inzwischen die Zucchini mit dem Brokkolini und dem restlichen Olivenöl mischen, mit Salz und frisch gemahlenem schwarzem Pfeffer würzen und in einer Pfanne mit schwerem Boden etwa 2 Minuten braten oder unter dem vorgeheizten Backofengrill garen, bis das Gemüse ringsum Farbe angenommen hat. Abkühlen lassen.

Zum Servieren das gegrillte Gemüse mit den Bohnen und dem Radicchio vermischen und gleichmäßig auf Teller verteilen. Die Bocconcini auf dem Gemüse anrichten und die Cranberrys mit der Marinade darüber verteilen.

Gebackene Miso-Aubergine mit Datteln, Feta, knusprigem Buchweizen und Tahini-Joghurt

WARM ODER BEI ZIMMERTEMPERATUR SERVIEREN

Die Japaner setzen beim Kochen gern auf Miso, um den Gerichten dieses gewisse herzhafte Umami-Aroma zu verleihen. Auch ich selbst koche seit fast 40 Jahren mit der fermentierten salzigen und süßen Paste und möchte nicht mehr darauf verzichten. Am häufigsten verwende ich die blassgoldene Sorte shiro miso (weißes Miso – wobei diese Paste gewöhnlich gar nicht weiß ist), die aus Reis, Gerste und Sojabohnen hergestellt wird. Manche Misosorten – und es existieren Hunderte – enthalten Weizen, falls Sie also unter einer Glutenunverträglichkeit leiden, lesen Sie bitte das Etikett. Falls Sie keine Medjool-Datteln finden können (die großen, prallen Früchte besitzen einen wunderbar karamelligen Geschmack), nehmen Sie stattdessen getrocknete Datteln, die Sie in Scheiben schneiden, 5 Minuten zum Aufquellen in warmes Wasser legen und dann abtropfen lassen.

ZUTATEN

3 EL Misopaste (ich habe shiro miso, weiße Misopaste, verwendet)

3 EL Mirin (süßer japanischer Reiswein; oder 2 EL Rohzucker mit 1 EL Wasser verrührt oder 2 EL flüssiger Honig)

2 EL Sonnenblumenöl (oder mildes Olivenöl)

2 EL Sesamöl

2 Auberginen, Stiele abgeschnitten, längs in sechs Scheiben geschnitten

1 EL Sesamsamen

2 EL Tahini (Sesampaste)

3 EL Orangensaft

85 g Naturjoghurt »griechische Art«

½ TL fein abgeriebene unbehandelte Orangenschale

2 EL natives Olivenöl extra

2 Handvoll Blattsalat (ich habe hier Baby-Grünkohl und Brunnenkresse verwendet)

10 Medjool-Datteln (175 g), längs geviertelt, Kerne entfernt

200 g Feta, zerkrümelt

2 EL knuspriger Buchweizen (siehe Seite 156)

2 EL geröstete Pinienkerne (oder Kürbiskerne)

[ZUBEREITUNG]

Den Backofen auf 180 °C vorheizen.

Die Misopaste mit dem Mirin glatt rühren, dann das Sonnenblumen- und das Sesamöl hinzufügen. Die Auberginenscheiben dünn damit einpinseln. Mit den Sesamsamen bestreuen. Auf ein Backblech legen und 20–30 Minuten backen. Die Aubergine ist fertig gegart, wenn beim Zusammendrücken noch etwas Widerstand spürbar ist.

Die Tahini mit dem Orangensaft verrühren. Den Naturjoghurt, die Orangenschale und 1 EL Olivenöl unterrühren, dann mit Salz würzen.

Den Blattsalat mit dem restlichen 1 EL Olivenöl vermischen und auf Teller verteilen. Die Aubergine darauf anrichten, dann die Datteln und den Feta darüberstreuen. Zum Schluss mit dem Tahini-Joghurt beträufeln – oder diesen separat servieren – und mit dem knusprigen Buchweizen und den gerösteten Pinienkernen bestreuen.

Mozzarella und Artischocken mit Walnuss-Sauce und Sumach-Lawasch

BEI RAUMTEMPERATUR SERVIEREN

ZUTATEN

½ unbehandelte Zitrone, in 1 cm dicke Scheiben geschnitten

1 EL Apfelessig (oder ein anderer heller Essig)

1 Bananenschalotte, geschält und in Ringe geschnitten

½ Karotte, geschält und in Scheiben geschnitten

1 Lorbeerblatt

1 EL frische mediterrane Kräuter (wie Thymian, Rosmarin, Oregano, Salbei)

1 Zehe Knoblauch, geschält und in Scheiben geschnitten

125 ml Olivenöl

8–10 Artischocken mit langen Stielen

1 Handvoll Blattsalat (ich habe Erbsensprossen verwendet)

300 g Mozzarella, in Stücke gezupft

Sumach-Lawasch (siehe Seite 146), Menge nach Belieben

WALNUSS-SAUCE

50 g Walnusshälften, geröstet

1 Scheibe Sauerteigbrot (40 g; mit Kruste), geröstet und in Stücke gebrochen

75 ml Zitronensaft

½ TL fein abgeriebene unbehandelte Zitronenschale

2 Zehen Knoblauch, geschält und in Scheiben geschnitten

3½ EL Olivenöl

Die hier vorgestellte Garmethode für Artischocken nennt sich »à la grecque«. Ich nehme für diesen Salat gern die kleineren, spitz zulaufenden Artischocken. Sie können aber auch die größeren Artischocken verwenden, wenn diese gerade angeboten werden. Bei Lawasch handelt es sich um ein Fladenbrot, das ursprünglich aus dem Nahen Osten stammt. Es ist einfach zuzubereiten und kann mit den eigenen Lieblingsgewürzen individuell gewürzt werden – ich habe mich in diesem Fall für Sumach entschieden. Das Rezept auf Seite 146 ergibt mehr, als Sie hier brauchen, eine kleinere Teigmenge ist jedoch schwer zu bearbeiten. Falls Sie keine Zeit haben, Lawasch selbst zu backen, servieren Sie den Salat mit Crostini oder gekauftem Lawasch. Die dicke Walnuss-Sauce ähnelt der türkischen Tarator-Sauce, wird interessanterweise jedoch wie die spanische ajo blanco *auf Seite 120 zubereitet.*

[ZUBEREITUNG]

Zuerst die Artischocken garen. Dazu die Zitronenscheiben mit dem Apfelessig, der Schalotte, der Karotte, dem Lorbeerblatt, den Kräutern und 1 Zehe Knoblauch in einen großen Topf geben. Das Olivenöl, 400 ml Wasser, ½ TL grob gemahlenen schwarzen Pfeffer und 1½ TL Salz hinzufügen. Die Stiele 6–8 cm über dem Stielansatz abschneiden. So viele von den unteren Blättern entfernen, bis sich die an der Artischocke befindlichen Blätter weicher anzufühlen beginnen, was gewöhnlich bedeutet, dass die äußeren zwei oder drei Schichten entfernt werden müssen, entweder von Hand oder mithilfe eines kleinen Messers. Die zähe Haut von den Stielen mit einem kleinen scharfen Messer vom abgeschnittenen Stielende in Richtung Artischocke abziehen, da auch die Stiele essbar sind und ich es hasse, wenn gute Nahrungsmittel verschwendet werden! Das obere Ende der Artischocke (etwa die Hälfte des Kopfes) abschneiden und wegwerfen. Alle harten Bestandteile vom unteren Ende entfernen, den geputzten Kopf längs halbieren. Vorsichtig die innen liegenden feinen Fasern, das »Heu«, herausschneiden oder mit einem kleinen Teelöffel herausschaben, dabei jedoch nichts anderes entfernen. Die Artischocken jeweils gleich nach dem Putzen in den Topf legen und mit der Flüssigkeit mischen, sodass sie mit Öl und Essig überzogen sind und sich nicht verfärben. Sind alle Artischocken vorbereitet, gerade so viel Wasser zugießen, dass die Artischocken bedeckt sind. Mit einem passgenau zugeschnittenen Stück Backpapier abdecken, dieses fest andrücken und einige Löcher hineinstechen.

[REZEPT WIRD FORTGESETZT…]

[REZEPT WIRD FORTGESETZT ...]

Zum Kochen bringen, dann die Temperatur senken, sodass die Flüssigkeit nur noch sanft köchelt, und garen, bis sich ein Messer mit kräftiger Klinge durch den Boden und den Stiel der Artischocken stechen lässt, was 12–15 Minuten dauert. Im Garsud abkühlen lassen. Die Artischocken lassen sich bis zu 4 Tage im Voraus zubereiten.

Für die Walnuss-Sauce die Walnusskerne mit den Brotstücken, dem Zitronensaft, der Zitronenschale, 2 Zehen Knoblauch, 100 ml Eiswasser und ½ TL Salz in einen kleinen Mixbehälter der Küchenmaschine geben (oder einen Stabmixer verwenden) und fein pürieren. Das Öl hinzufügen und erneut pürieren, dann abschmecken.

Zum Servieren die Teller mit Blattsalat auslegen, darauf den Mozzarella und die Artischocken anrichten. Einige Karotten, Zitronenscheiben und Schalotten aus dem Garsud nehmen und zugeben, dann ein paar Kleckse Walnuss-Sauce darauf verteilen. Mit dem in große Stücke gebrochenen Sumach-Lawasch anrichten.

Sumach-Lawasch

[ZUBEREITUNG]

ZUTATEN

170 g Weizenmehl, gesiebt

1 gehäufter EL Weizenvollkornmehl

1 TL Zucker

1 EL + 1 TL natives Olivenöl extra plus mehr zum Bestreichen

2 TL Sumach

Meersalzflocken zum Bestreuen

Den Backofen auf 180 °C vorheizen. Die beiden Mehlsorten mit dem Zucker und ½ TL feinem Salz in den Mixer (eher einen Standmixer als eine Küchenmaschine) geben und alles vermischen. Bei laufendem Motor 1 EL Öl und 85 ml Eiswasser zugießen und mit dem Vermischen fortfahren, bis sich ein elastischer Teig gebildet hat. Sollte er zu trocken sein, noch etwas Eiswasser hinzufügen — ist er zu feucht, noch etwas Vollkornmehl zugeben. Den Teig 4 Minuten bei mittlerer bis niedriger Geschwindigkeit bearbeiten. Den Teig herausnehmen, auf der Arbeitsfläche zu einer Kugel formen, diese in Frischhaltefolie wickeln und 30 Minuten im Kühlschrank ruhen lassen.

Vom Teig walnussgroße Stücke abtrennen und auf der bemehlten Arbeitsfläche so dünn wie möglich ausrollen. (In meinen Restaurants lassen wir den Teig auf zweitdünnster Einstellung durch die Nudelmaschine laufen.) Auf ein Backblech legen und 20 Minuten ruhen lassen (dadurch schrumpft der Teig beim Backen nicht zu stark). Goldbraun backen, dabei das Blech nach 8 Minuten um 180 Grad drehen, damit das Brot gleichmäßig bräunt. Das Lawasch ist fertig gebacken, wenn es eine kräftige goldbraune Färbung angenommen hat, was etwa 15 Minuten dauert.

Aus dem Ofen nehmen, mit 1 TL Öl bestreichen und noch heiß mit dem Sumach und einigen Meersalzflocken bestreuen. Nach dem Abkühlen in einem luftdicht verschließbaren Behälter aufbewahren. Der Teig lässt sich gut einfrieren und ist tiefgekühlt 4 Wochen haltbar, so können Sie immer nur das ausrollen, was gerade benötigt wird.

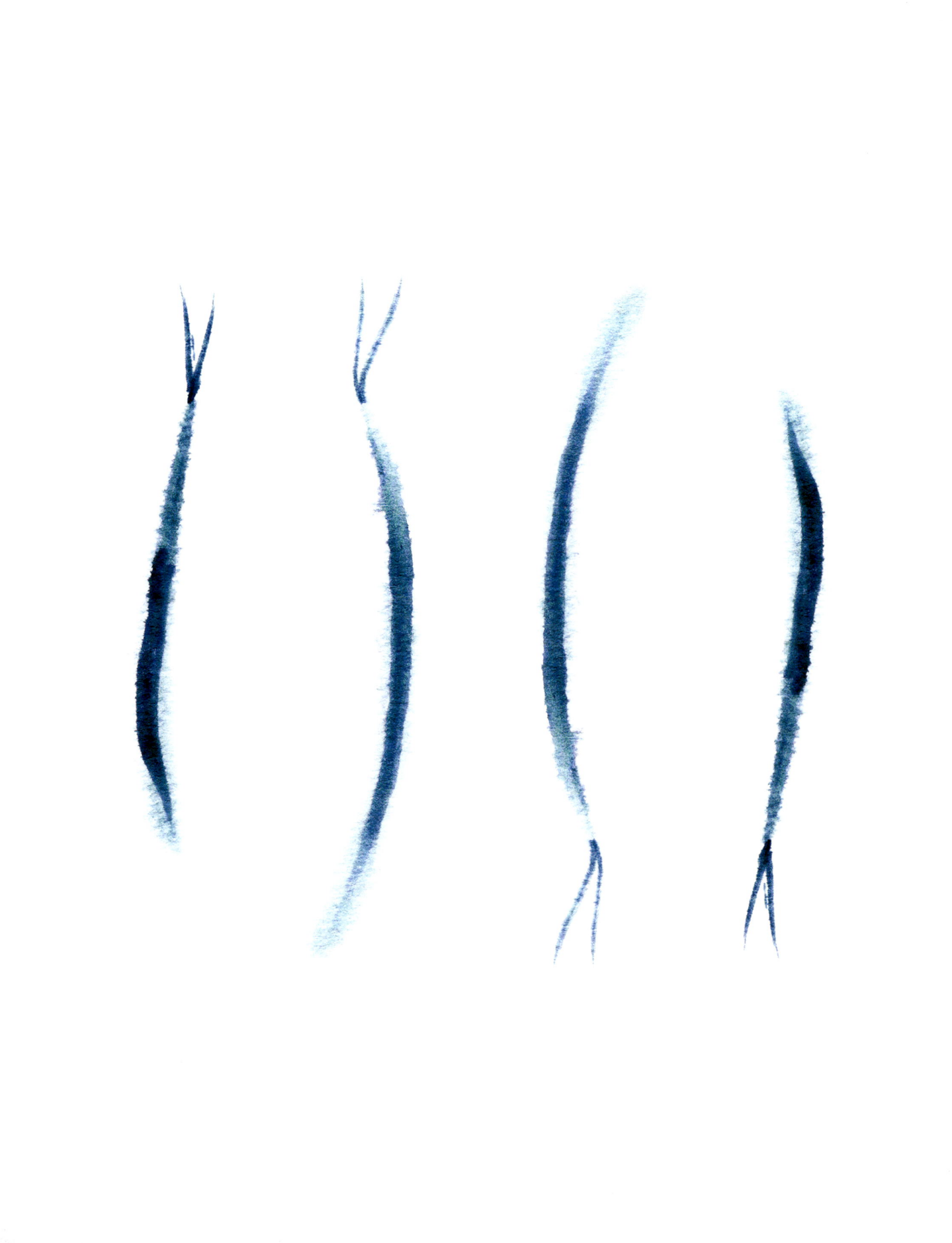

Salate mit Fisch und Schalentieren

KAPITEL 5

Lachs-Sashimi, Gurke, Tomate, Ingwer, Mandeln und Naturjoghurt

LEICHT GEKÜHLT SERVIEREN

ZUTATEN

1 Salatgurke, geschält, längs halbiert und Samen entfernt

16 Kirschtomaten, halbiert

3 EL Zitronensaft

2 TL fein gehackter oder geriebener Ingwer

1 TL Wasabipaste (oder Sahnemeerrettich oder Senf)

4 EL Naturjoghurt »griechische Art«

4 EL Sojasauce

4 EL Mirin (süßer japanischer Reiswein; oder 2 EL flüssiger Honig in 2 EL warmem Wasser aufgelöst)

700 g sehr frischer Lachsrücken (»Loin«; der dickste Teil), Haut und Gräten entfernt

1 kleine Handvoll Blattsalat (ich habe wilden Rucola verwendet)

2 TL natives Olivenöl extra

20 g Mandelblättchen, geröstet

Kresse oder Mikrosalat zum Garnieren (ich habe Baby-Blutampfer verwendet)

Meersalzflocken zum Bestreuen

Dieses erfrischende Gericht, eher eine großzügige Sashimi-Zusammenstellung mit Garnitur, schmeckt ausgezeichnet nach einer Schüssel Misosuppe oder Tomatengazpacho. Sie können dafür die meisten Fischsorten verwenden, das Ölige, das so typisch für den Lachs ist, bewirkt jedoch, dass er besonders gut mit der Salatgurke harmoniert. Andere Fische, die es auszuprobieren lohnt, sind Heilbutt, Brasse (größere Exemplare), Thunfisch und Kabeljau sowie Jakobsmuscheln.

[ZUBEREITUNG]

Die Salatgurke schräg in 5 mm dicke Scheiben schneiden. Mit den Tomatenhälften, dem Zitronensaft, drei Viertel des Ingwers und ½ TL Salz vermischen. Im Kühlschrank 30 Minuten ziehen lassen. Vor der Weiterverwendung abtropfen lassen.

Die Wasabipaste mit dem Naturjoghurt verrühren und in den Kühlschrank stellen.

Die Sojasauce mit dem Mirin und dem restlichen Ingwer vermischen.

Den Lachs in 5 mm dicke Scheiben schneiden und unmittelbar vor dem Servieren behutsam in der Sojamischung wenden. 5 Minuten marinieren, dann in einem Sieb abtropfen lassen, dabei sehr vorsichtig vorgehen, damit der Fisch nicht zerdrückt wird.

Zum Servieren den Blattsalat und den Lachs auf gekühlte Teller legen. Erst die Salatgurke und die Tomaten, dann den Wasabijoghurt in Klecksen darauf verteilen. Mit dem Olivenöl beträufeln und mit den Mandelblättchen, der Kresse und ein paar Meersalzflocken bestreuen.

Kurz angebratener Lachs mit Norisauce, knusprigem Buchweizen, Gomasio und Avocado

BEI RAUMTEMPERATUR SERVIEREN

ZUTATEN

600 g gekühlter Lachsrücken (siehe Rezepteinleitung), in vier Portionen à 150 g geschnitten

Mildes Öl zum Anbraten

2 Avocados

2 EL Limettensaft (oder Zitronensaft)

¼ TL fein abgeriebene unbehandelte Limettenschale (oder Zitronenschale)

2 Karotten, geschält, beide Enden abgeschnitten, dann in Streifen abgeschält

100 g Brunnenkressespitzen, verlesen und gewaschen

4 EL Norisauce (siehe Seite 156)

4 EL knuspriger Buchweizen (siehe Seite 156)

GOMASIO

1 EL weiße Sesamsamen, geröstet

½ TL Meersalzflocken

Einiges kann bereits im Voraus erledigt werden, mit guter Planung können Sie daher ein Gericht aus dem Ärmel zaubern, das durchaus Restaurantstandards erfüllt. Damit es auch optisch glänzt, müssen Sie ein Stück Lachsrücken, den dicksten Teil des Lachsfilets, auch »Loin« genannt, verwenden. Achten Sie darauf, dass jegliche Haut und Gräten und die Blutlinie entfernt sind, bevor Sie loslegen. Mit Thunfisch schmeckt der Salat übrigens auch ganz köstlich. Goma ist das japanische Wort für Sesam, und shio bedeutet Salz (oder Gezeiten). Und Gomasio (manchmal gomashio geschrieben) ist ein japanisches Würzmittel, das ich immer im Haus habe.

[ZUBEREITUNG]

Eine große Schüssel mit Eiswasser bereitstellen. Den Lachs aus dem Kühlschrank nehmen, mit Küchenpapier trocken tupfen, dann die Stücke mit jeweils ½ TL Öl bestreichen und mit wenig Salz bestreuen.

Eine idealerweise antihaftbeschichtete Pfanne mit schwerem Boden erhitzen (darauf achten, dass es sich um eine hoch erhitzbare Beschichtung handelt; bei vielen Antihaftbeschichtungen wird von zu starkem Erhitzen dringend abgeraten!). Sobald sie raucht, eine Portion Lachs hineinlegen und 15 Sekunden darin scharf anbraten, dann vorsichtig, aber zügig immer weiter herumdrehen, bis der Lachs von außen vollständig angebraten und appetitlich gebräunt ist. Aus der Pfanne nehmen und ins Eiswasser legen, um den Garvorgang zu stoppen. Die restlichen Portionen auf dieselbe Weise anbraten.

Nachdem alle Lachsstücke 4 Minuten im Eiswasser gelegen haben, vorsichtig herausheben, auf ein Geschirrtuch setzen und trocken tupfen. Bis zum Anrichten des Salats abgedeckt bis zu 6 Stunden in den Kühlschrank stellen.

Nun das Gomasio herstellen. Dazu die Sesamsamen im Mörser grob zerstoßen, danach die Meersalzflocken zugeben und kurz zerstoßen, die Mischung sollte nicht zu feinkörnig werden.

Direkt vor dem Servieren das Fruchtfleisch der Avocados auslösen und in Stücke schneiden. Mit dem Limettensaft und der Limettenschale vermischen. Die Karotten und ein Viertel des Gomasio hinzufügen und vermischen.

Zum Servieren den Salat auf Teller verteilen und mit der Brunnenkresse bestreuen. Den Lachs in 5 mm dicke Scheiben schneiden und darauf anrichten. Die Norisauce löffelweise zum Salat geben, dann mit dem restlichen Gomasio und dem knusprigen Buchweizen bestreuen.

Norisauce

ZUTATEN

30 g Nori (etwa 10 Bögen in Sushigröße)

100 ml Mirin (süßer japanischer Reiswein)

100 ml Sake (japanischer Reiswein)

75 ml Tamari (weizenfreie Sojasauce)

3 EL Rotweinessig

Das Rezept ergibt eine größere Menge, als hier benötigt wird, aber es ist nicht ganz einfach, eine deutlich geringere Menge davon herzustellen, zudem ist die Sauce 3 Wochen im Kühlschrank haltbar, wenn sie in einem dicht schließenden Behälter aufbewahrt wird.

[ZUBEREITUNG]

Die Hälfte der Noriblätter über einer offenen Flamme, in einer Pfanne oder unter dem Backofengrill rösten. Da es eine papierähnliche Konsistenz besitzt, kann es leicht Feuer fangen, daher ist aufmerksames Arbeiten angesagt. Die Blätter sollen ihre Farbe von fast schwarz in grün verändern. Sowohl die gerösteten als auch die ungerösteten Noriblätter in sehr kleine Stücke reißen oder mit einer Schere schneiden.

Alle flüssigen Zutaten in einen Topf geben und zum Kochen bringen, dann die Temperatur senken, sodass die Flüssigkeit nur noch kräftig köchelt, und die Noristücke unterrühren, bis sich eine dicke, pastenartige Masse gebildet hat. Unter ständigem Rühren 1 Minute köcheln.

Mit einem Stabmixer zu einer Paste pürieren, dann zum Aufbewahren in den Kühlschrank stellen.

Knuspriger Buchweizen

ZUTATEN

50 g unzerkleinerte Buchweizenkörner, abgespült und abgetropft

Etwa 300 ml Sonnenblumenöl oder ein anderes neutrales Öl

Meersalzflocken zum Bestreuen

Der Buchweizen kann bereits 1 Woche im Voraus zubereitet und in einem luftdicht verschließbaren Behälter aufbewahrt werden. Die Rezeptmenge ergibt mehr, als Sie für den Salat brauchen, wenn Sie jedoch erst einmal auf den Geschmack gekommen sind, werden Sie den knusprigen Buchweizen über alles streuen, vom einfachen grünen Salat bis zum Rinderschmortopf. Ganzer Buchweizen sollte in einem Bioladen nicht schwer zu finden sein, alternativ könnten Sie jedoch auch geröstete Nüsse oder Kürbiskerne verwenden, um dem Gericht Crunch zu verleihen.

[ZUBEREITUNG]

Den Buchweizen in einer Schüssel mit 500 ml heißem (aber nicht kochendem) Wasser übergießen und 6 Stunden oder über Nacht quellen lassen.

In ein Sieb abgießen, dann auf ein Geschirrtuch geben und trocken tupfen.

Das Öl 2 cm hoch in einen mittelgroßen Topf oder eine Pfanne (etwa 24 cm ø) gießen. Bei mittlerer Temperatur erhitzen. Sobald das Öl eine Temperatur von 150 °C erreicht hat, den abgetropften Buchweizen hineingeben.

Behutsam umrühren, bis die Körnchen gerade eben nicht mehr knistern und sich goldbraun gefärbt haben. In ein hitzefestes Sieb abgießen, dann die Körnchen auf Backpapier schütten, mit Meersalzflocken bestreuen und abkühlen lassen. Wenn das Öl abgekühlt ist, können Sie es filtern und wiederverwenden.

Mit Roter Bete gebeizter Lachs mit gegrillten Artischocken, Wirsing, Crème fraîche und Granatapfel

BEI RAUMTEMPERATUR SERVIEREN

Ich war gerade in meinem Stadtteil London Fields bei meinem Fischhändler einkaufen, als ein paar herrliche schottische Wildlachse geliefert wurden. Sie waren nicht so groß wie Zuchtlachse, aber ihr Fleisch war wunderbar fest, und ich wusste: Davon musste ich ein ganzes Filet für diesen Salat mitnehmen. Falls Ihr Lachs größer und fettreicher ist, muss er möglicherweise bis zu 72 Stunden beizen. Die Beizmethode mit Salz, Zucker und Zitronensaft lässt sich auch auf andere Fischarten wie Heilbutt, Thunfisch oder Kabeljau anwenden und auch auf Filets von Rind und Zuchtwild. Idealerweise sollten Sie den Lachs 2 Tage bevor Sie ihn servieren möchten beizen, damit er noch ausreichend Zeit zum Verfestigen hat, nachdem die Marinade abgewischt wurde. Falls Sie nicht genug Zeit haben, um den Lachs zu beizen, nehmen Sie stattdessen in Scheiben geschnittenen kaltgeräucherten Lachs.

ZUTATEN

2 TL Koriandersamen

½ TL Chiliflocken (oder
¼ frische Chili, nach Belieben
auch mehr)

1 EL fein abgeriebene unbehandelte Zitronenschale

125 g goldbrauner oder heller
Rohzucker

125 g grobes Meersalz

4 EL geriebener Ingwer

1 Rote Bete (roh oder gekocht),
geschält und grob geraspelt

500 g Lachsfilet, Haut,
Gräten und Blutlinie entfernt

3 EL Zitronensaft

2 saftige unbehandelte
Zitronen

2 Lorbeerblätter

1 Zweig Thymian (10 cm lang)

1 Zweig Rosmarin (5 cm)

4 Artischocken

2 EL natives Olivenöl extra

300 g junger Wirsing, Außenblätter und Strunk entfernt

2 EL körniger Senf

1 EL fein geschnittener
Schnittlauch

200 g Crème fraîche

3 EL ausgelöste Granatapfelkerne

[ZUBEREITUNG]

Die Koriandersamen mit den Chiliflocken und der Hälfte der Zitronenschale im Mörser zerstoßen. Den Zucker, das Salz und zwei Drittel des Ingwers untermischen. Die Rote Bete ebenfalls untermischen, dabei Haushaltshandschuhe tragen. Ein Viertel der Beize auf dem Boden eines säurebeständigen Behälters verteilen, der gerade eben groß genug ist, um den Lachs aufzunehmen, dann den Lachs darauflegen. Die restliche Beize darübergeben, den Fisch gleichmäßig damit einreiben und fest andrücken. Mit 1 EL Zitronensaft beträufeln. Den Behälter mit Frischhaltefolie gut verschließen, dabei die Folie dicht an den Fisch pressen. Für 48 Stunden in den Kühlschrank stellen.

Den Lachs mit Haushaltshandschuhen an den Händen aus der Beize heben, über-schüssige Beize abwischen. Mit Küchenpapier abtupfen, dann fest in Frischhaltefolie einwickeln und bis zu 4 Tage im Kühlschrank aufbewahren.

In einem großen Topf Salzwasser zum Kochen bringen. Eine der Zitronen in 5 mm dicke Scheiben schneiden und zusammen mit den Lorbeerblättern, dem Thymian und dem Rosmarin hineingeben. Die Temperatur so weit senken, dass alles nur noch leise köchelt, und den Deckel auflegen.

Eine Artischocke am Stiel festhalten, die dicken Außenblätter am unteren Ende abziehen, bis sichtbar dünnere und weichere zum Vorschein kommen. Waagerecht auf ein Schneidbrett legen und mit einem scharfen Messer mit Wellenschliff die obere Hälfte abschneiden und wegwerfen. (Dabei vorsichtig sein, da die Artischocke wegrutschen und schwer zu schneiden sein könnte.) Den Stiel nahe der Unterseite abschneiden, dann mit einem kleinen scharfen Messer alle harten Kanten wegschneiden. Mit einem Teelöffel oder einem Kugelausstecher die innenliegenden feinen Fasern herausschaben. Die zweite Zitrone halbieren und die geputzten Artischocken damit einreiben, damit sie sich nicht verfärben. Wenn alle Artischocken vorbereitet sind, diese so in den Topf mit dem köchelnden Wasser legen, dass sie bedeckt sind, dann erneut erhitzen, bis das Wasser sanft kocht. Kochen, bis sich ein Messer mit dünner, scharfer Klinge durch die dickste Stelle stechen lässt (was je nach Größe der Artischocken etwa 15 Minuten dauert). Mit einem Sieblöffel in ein Sieb heben, abtropfen und abkühlen lassen. Den Pochiersud weggießen.

Eine Pfanne oder eine Grillpfanne erhitzen. Die Artischocken hochkant in 1 cm dicke Scheiben schneiden und mit 1 EL Olivenöl, Salz und frisch gemahlenem schwarzem Pfeffer vermischen. Dann grillen, bis sie deutliche Grillspuren aufweisen und gebräunt sind, und abkühlen lassen.

Den Wirsing in möglichst dünne Streifen hobeln. Den restlichen Ingwer mit den restlichen 2 EL Zitronensaft, dem Senf und wenig Salz und frisch gemahlenem schwarzem Pfeffer vermischen. Unter den Wirsing mischen und mindestens eine Stunde im Kühl-schrank durchziehen lassen.

In einer kleinen Schüssel die restliche Zitronenschale und den Schnittlauch mit der Crème fraîche verrühren.

Zum Servieren den Lachs auswickeln und in 5 mm dicke Stücke schneiden. Den Wir-sing auf Teller verteilen, dann die Artischocken darauflegen. Den Lachs darauf anrich-ten. Die Crème fraîche darüber verteilen, mit dem restlichen Olivenöl beträufeln und mit den Granatapfelkernen bestreuen.

Pochierter Lachs mit Mandeln und Grapefruit-Couscous

WARM ODER BEI RAUMTEMPERATUR SERVIEREN

ZUTATEN

100 g Couscous

1 Karotte, geschält und grob geraspelt

1 EL natives Olivenöl extra

2 Frühlingszwiebeln

1 kleine Handvoll glatte Petersilie inklusive Stängel

1 unbehandelte Grapefruit

2 Lachsfilets (à 150–175 g), Gräten entfernt, Haut am Fisch belassen

3 EL Mandelblättchen, leicht geröstet und grob gehackt

1 kleine Handvoll Blattsalat (ich habe Erbsensprossen verwendet)

1 unbehandelte Zitrone, halbiert

Eine gesunde und leichte Mahlzeit, für die Sie den Lachs direkt aus dem Pochiersud oder auch bei Raumtemperatur servieren können. Den Lachs in einem Topf pochieren, der so breit und hoch ist, dass die Stücke nebeneinander in einer Lage hineinpassen. Idealerweise sollte der Topf mindestens 8 cm hoch sein. Der Couscous kann auch mit einer Auswahl an anderem Fisch oder Fleisch angerichtet oder mit Grillgemüse, Blattsalat und gemischten gerösteten Saaten und Nüssen garniert werden. Den Couscous nie mit kochendem Wasser zubereiten – dadurch wird er klumpig.

[ZUBEREITUNG]

Den Couscous mit 100 ml lauwarmem Wasser und ¼ TL Salz vermischen und 5 Minuten quellen lassen. Die geraspelte Karotte und das Olivenöl untermischen und nochmals 5 Minuten ruhen lassen. Die Frühlingszwiebeln beidseitig einkürzen. Die grünen Teile in dünne Ringe schneiden und unter den Couscous mischen. Die Blättchen von den Petersilienstängeln zupfen (die Stängel aufbewahren), in grobe Streifen schneiden und zum Couscous geben.

Die Petersilienstängel mit den weißen Teilen der Frühlingszwiebeln in einen Topf geben. So viel Wasser zugießen, dass es 4 cm hoch im Topf steht, und 1 TL Salz hinzufügen, zum Kochen bringen, dann die Temperatur senken, sodass es nur noch kräftig köchelt. Von der Grapefruit drei Streifen so abschälen, dass von der weißen Innenhaut nichts anhaftet, und zum Pochiersud geben, während er erhitzt wird.

Die Lachsstücke behutsam mit der Hautseite nach unten in den leise köchelnden Sud legen, dann den Sud erneut zum Kochen bringen.

Den Herd ausschalten, den Deckel auf den Topf legen und den Lachs 8–10 Minuten ziehen lassen, danach ist er gar (falls es sich um dünne Lachsstücke handelt und diese vollständig im Sud liegen, nicht länger als 4–5 Minuten ziehen lassen).

Inzwischen die Grapefruit filetieren (siehe Seite 102). Die einzelnen Filets in drei oder vier Stücke schneiden und mit den Mandeln und dem aus den leeren Grapefruittrennhäuten herausgedrückten Saft unter den Couscous mischen.

Zum Servieren den Couscous auf Teller geben, dann den Blattsalat darauf verteilen. Den Lachs vorsichtig aus dem Pochiersud heben und mit der Hautseite nach oben auf einen Teller legen. Die Haut abziehen und jegliches unter der Haut liegende dunkler gefärbte Fleisch (die Blutlinie) mithilfe eines Teelöffels entfernen. Den Lachs grob zerpflücken und auf dem Couscous anrichten. Je eine Zitronenhälfte zum Salat servieren.

Heißgeräucherter Lachs mit Avocado, Birne, Radieschen und Meerrettichcreme

WARM ODER BEI RAUMTEMPERATUR SERVIEREN

ZUTATEN

600 g heißgeräuchertes Lachsfilet, Haut, Gräten und Blutlinie entfernt (bei Raumtemperatur)

1 TL natives Olivenöl extra

100 g Radieschen

2 Avocados

1 saftige unbehandelte Limette (oder kleine Zitrone)

2 EL Sahnemeerrettich

3 EL Crème fraîche

1 süße, reife Birne

2 Handvoll Blattsalat (ich habe Feldsalat verwendet)

Beim Heißräuchern handelt es sich um eine Technik, bei der die Zutat sowohl geräuchert als auch gegart wird. Der bekanntere »schottische« kaltgeräucherte Lachs wird bei sehr niedrigen Temperaturen geräuchert, was ihm die ungegarte Optik verleiht. Dieser Salat kann auch mit kaltgeräuchertem Lachs zubereitet werden, der ein zarteres Aroma besitzt und gewöhnlich relativ dünn aufgeschnitten wird, und natürlich auch mit dem mit Roter Bete gebeizten Lachs auf Seite 158–60, am allerbesten schmecken jedoch ofenwarme, frisch auf dem Salat verteilte Lachsstücke zusammen mit Avocado, Birne und Meerrettich. Fettreicher Fisch, Meerrettich und Avocado sind wirklich eine unglaubliche Kombination.

[ZUBEREITUNG]

Den Backofen auf 150 °C vorheizen. Ein Backblech mit Backpapier auslegen.

Den Lachs auf das Backblech legen. Mit dem Öl bestreichen und im Ofen erwärmen. Er braucht nicht gegart zu werden, da er bereits gar ist, er soll einfach nur aufgewärmt werden. Ein 2 cm dickes Filet benötigt 10–12 Minuten.

Inzwischen die Radieschen 10 Minuten in Eiswasser legen. Abtropfen lassen und halbieren, falls es sich um große Exemplare handelt, oder ganz lassen.

Von den Avocados das Fruchtfleisch auslösen und in eine Schüssel legen. Von der Limettenschale ¼ TL fein abreiben, dann die Limette auspressen. Die Schale und den Saft zum Avocadofruchtfleisch geben und mit einer Gabel grob zerdrücken. Mit Salz und frisch gemahlenem schwarzem Pfeffer würzen.

In einer anderen Schüssel den Meerrettich mit der Crème fraîche und einer Prise Salz verrühren.

Die Birne halbieren, von Kerngehäuse und Stiel befreien, dann in dünne Scheiben schneiden.

Zum Servieren eine Platte oder einen Teller mit dem Blattsalat auslegen. Den Lachs in Stücke brechen und darauf verteilen. Die Avocado in Klecksen daraufsetzen. Die Birnenscheiben und die Radieschen darauf anrichten und mit der Crème fraîche beträufeln.

Räuchermakrele mit Roter Bete, Ei, Apfel und Dill-Miso-Senf-Dressing

BEI RAUMTEMPERATUR SERVIEREN

ZUTATEN

2 mittelgroße Rote Beten (oder Beten beliebiger Farbe)

1 EL natives Olivenöl extra

2 EL Zitronensaft

1 kleine Ringelbete (»Tonda di Chioggia«) zum Garnieren

400 g Räuchermakrelenfilet

1 Handvoll Baby-Blattsalat (ich habe Feldsalat verwendet)

4 Bio-Eier, weich gekocht und gepellt

1 Apfel (wählen Sie eine knackige, süße und saftige Sorte)

DILL-MISO-SENF-DRESSING

2 EL Zitronensaft

½ TL helle Misopaste

1 TL körniger Senf

½ TL englischer Senf

½ TL extrafeiner Zucker

2 TL gehackter frischer Dill

2 EL natives Olivenöl extra

Die leicht bittere Note, die ein Stück Fisch durchs Räuchern erhält, und eine eher süßliche Beize sind in meinen Augen die perfekte Kombination. Sie können hier jede Art Räucherfisch verwenden, sogar die Makrele nach Teriyaki-Art auf den Seiten 168–71. Sie können die Beten im Voraus backen, um Zeit zu sparen, denken Sie jedoch daran, Haushaltshandschuhe zu tragen, falls Sie Rote oder andere kräftig gefärbte Beten verwenden. Von Misopasten existieren zahlreiche Sorten, generell gilt jedoch, dass die helleren wie shiro miso *(weiße Misopaste) süßer schmecken als die dunkleren wie* hatcho miso, *die ein eher herzhaftes Aroma besitzen. Schmecken Sie das Dressing so ab, dass ein harmonisches Gleichgewicht zwischen süß und herzhaft entsteht.*

[ZUBEREITUNG]

Den Backofen auf 180 °C vorheizen.

Die Roten Beten gründlich abwaschen, dann zusammen in Aluminiumfolie wickeln. In einen Bräter setzen und im Ofen auf der mittleren Schiene backen, bis sich ein Messer mit dünner, scharfer Klinge oder ein Spieß durch die Folie mittig in die Knollen einstechen lässt. Dies kann je nach Größe von 45 Minuten bis zu 90 Minuten dauern. Aus dem Ofen nehmen und abkühlen lassen, bis man sie anfassen kann. Aus der Folie wickeln – auch dabei Haushaltshandschuhe tragen –, dann von Hand und, falls nötig mithilfe eines kleinen Messers, die Schale abrubbeln und abschälen.

Die gebackene Rote Bete noch warm in dicke Scheiben schneiden und mit dem Olivenöl, 2 EL Zitronensaft, Salz und frisch gemahlenem schwarzem Pfeffer vermischen, dann abkühlen lassen.

Die Ringelbete schälen, in möglichst dünne Scheiben hobeln – eine Mandoline ist hierfür ideal – und in Eiswasser legen, damit sie knackiger wird.

Das Dressing zubereiten. Dazu den Zitronensaft mit der Misopaste zu einer Art Brei verrühren. Beide Senfsorten, den Zucker, den Dill und das Olivenöl unterrühren.

Von der Makrele die Haut, die Gräten und die Blutlinie entfernen, dann in Stücke teilen.

Zum Servieren vier Teller mit dem Blattsalat auslegen. Erst die gebackene Rote Bete, dann die Makrele und die Ringelbete darauf verteilen. Die Eier halbieren, den Apfel in Juliennestreifen hobeln (das Kerngehäuse wegwerfen) und den Salat damit garnieren. Mit dem Dressing beträufeln.

Chili-Schokoladen-Makrele nach Teriyaki-Art mit Queller, Kartoffeln und Orange

WARM ODER BEI RAUMTEMPERATUR SERVIEREN

Die japanische Teriyaki-Kochtechnik ist es wert, dass man sie etwas genauer unter die Lupe nimmt. Die Sauce, die süß (von Mirin, Sake oder Zucker) und salzig (von der Sojasauce) ist, kann zum Bestreichen oder Marinieren von Fisch, Fleisch oder Gemüse verwendet werden und wird zu einer herzhaften, klebrigen Angelegenheit, wenn sie mit hohen Temperaturen in Berührung kommt. Für ein gemeinsames Abendessen im Jahr 2015 im The Providores *kreierte der britische Schokoladenguru Paul A. Young eine Teriyaki-Glasur, die Schokolade enthielt und die wir mit Rindfleisch kombinierten. Das hat mich inspiriert – dieses Rezept ist nun meine Hommage an Paul. Ich verwende hier die ganz besondere Kartoffelsorte Jersey Royals von der Insel Jersey, die mit Algenmulch gedüngt wird und nur kurz Saison hat. Falls Sie sie nicht ausfindig machen können, verwenden Sie stattdessen kleine festkochende Kartoffeln. Queller ist ein Gemüse, das auf Wattböden an Meeresküsten wächst. Früher war es schwierig zu bekommen, wird aber inzwischen angebaut und ist so leichter erhältlich. Die Zubereitungsweise, Queller mehrfach zu blanchieren und dann in Zitronensaft und Olivenöl zu marinieren, stammt aus der Türkei. Auch wenn der Queller etwas von seiner intensiv grünen Farbe einbüßt, ändert dies nichts an seinem köstlichen Geschmack. Wenn Sie möchten, können Sie den Queller auch durch sehr dünnen grünen Spargel, grüne Bohnen oder Brunnenkresse ersetzen. Falls Sie Makrele nicht mögen, verwenden Sie stattdessen Lachsfilet, Thunfisch oder Kabeljau.*

ZUTATEN

2 große Makrelen, filetiert und von kleineren Gräten befreit

500 g Kartoffeln der Sorte Jersey Royal oder andere kleine festkochende Kartoffeln

100 g Queller

2 EL natives Olivenöl extra

1 EL Zitronensaft

2 Orangen

1 Handvoll Blattsalat (ich habe Rucola verwendet, Brunnenkresse passt auch sehr gut)

CHILI-SCHOKO-LADEN-TERIYAKI-SAUCE

2 EL Sojasauce

2 EL Mirin (süßer japanischer Reiswein; oder 1 EL extrafeinen Zucker in 2 EL Wasser verrührt)

1 TL flüssiger Honig

1 TL fein gehackter oder geriebener Ingwer

½ TL Chilisauce (Tabasco oder eine ähnlich feurige Sauce)

1 EL gehackte oder geriebene dunkle Schokolade (60–75 % Kakaoanteil)

[ZUBEREITUNG]

Die Makrelenfilets mit der Hautseite nach unten in eine flache, eingeölte ofenfeste Form legen und abgedeckt in den Kühlschrank stellen.

Die Chili-Schokoladen-Teriyaki-Sauce zubereiten. Dazu die Sojasauce mit dem Mirin, dem Honig, dem Ingwer und der Chilisauce in einen kleinen Topf geben und langsam erhitzen, bis die Mischung fast kocht, jedoch nicht kochen lassen. Vom Herd nehmen und 1 Minute abkühlen lassen, dann die Schokolade unterrühren, bis sie geschmolzen und die Mischung emulgiert ist. In eine saubere Schüssel umfüllen.

Die Kartoffeln gründlich abbürsten und in leicht gesalzenem Wasser gar kochen, dann abgießen. Handelt es sich um kleine Kartoffeln, diese ganz servieren, größere Exemplare halbieren.

Vom Queller alle dickeren Stängel und verfärbten Stellen entfernen. In einen mittelgroßen Topf geben und 5 cm hoch mit kaltem Wasser bedecken. Zum Kochen bringen, dann in ein Sieb abgießen. Zwei weitere Male auf dieselbe Weise kochen. Nach dem dritten Abgießen in eine Schüssel umfüllen und das Olivenöl und den Zitronensaft unterrühren. Die Kartoffeln ebenfalls zugeben und alles durchmischen.

Von den Orangen die Schale und die weiße Innenhaut wegschneiden, dann die Orange in 5 mm dicke Scheiben schneiden, dabei alle Kerne entfernen.

Den Backofengrill auf höchster Stufe vorheizen. Den Fisch aus dem Kühlschrank nehmen und die hautlose Seite mit der Hälfte der Teriyaki-Sauce bestreichen. Unter dem Grill garen, bis sie zu karamellisieren beginnt. Aus dem Ofen nehmen und die Filets vorsichtig wenden. Die Hautseite nun mit der restlichen Sauce bestreichen und grillen, bis sie Bläschen wirft und goldbraun geworden ist.

Zum Servieren die Teller mit den Orangenscheiben belegen. Den Blattsalat mit den Kartoffeln und dem Queller vermischen und darauf anrichten. Die Makrelenfilets vorsichtig aus der Form heben und obenauf setzen.

Thunfisch mit Kokosnuss, Chili, Mango, Apfel und Limette

LEICHT GEKÜHLT SERVIEREN

ZUTATEN

350 g sehr frischer Thunfischrücken, Haut und Gräten entfernt

3 EL Limettensaft (oder Zitronensaft)

Meersalzflocken

1 kleine rote Zwiebel, geschält, halbiert und in sehr dünne Scheiben geschnitten

½ TL fein abgeriebene unbehandelte Limettenschale

½ mittelscharfe rote Chili, fein gehackt (nach Belieben mehr oder weniger verwenden)

1 TL geriebener Palmzucker oder heller Rohrzucker

1 süße, reife Mango

100 ml Kokosmilch

8 Stängel Koriandergrün, Blätter abgezupft

1 Frühlingszwiebel, in dünne Ringe geschnitten

1 süßer, knackiger Apfel

2 EL Kokosraspel, geröstet

Rohe Fischsalate haben ihren Stammplatz im kulinarischen Repertoire meiner Familie in Neuseeland, seit ich denken kann. Sogar meine Stiefmutter Rose, eine echte Cockney aus dem Londoner East End, kam auf den Geschmack, als sie und mein Vater heirateten. Ob peruanisches Ceviche. Ika Mata von den Cookinseln oder auch eine Auswahl japanisches Sashimi – roher Fisch ist einfach ein Genuss! Für dieses Rezept kann eigentlich jeder Fisch verwendet werden, solange er sehr frisch ist. Je kleiner die Fischstücke sind oder je dünner der Fisch aufgeschnitten wird, desto weniger Zeit braucht er zum Marinieren. Falls Ihre Limetten sehr fest sind, können Sie ihnen mehr Saft entlocken, wenn Sie sie 10 Sekunden mit Druck auf der Arbeitsfläche hin und her rollen, was dabei hilft, die Zellwände im Fruchtfleisch aufzubrechen. Alternativ – auch wenn es seltsam klingen mag – die Limetten 15 Sekunden in der Mikrowelle erhitzen und wieder abkühlen lassen.

[ZUBEREITUNG]

Den Fisch in 1½–2 cm große Würfel schneiden. Mit der Hälfte des Limettensafts und ¼ TL Meersalzflocken vermischen, dann abdecken und 30 Minuten im Kühlschrank ziehen lassen.

Die zerkleinerte Zwiebel kurz unter fließendem kaltem Wasser abspülen, dann mit der Limettenschale, der Chili, dem Palmzucker und dem restlichen Limettensaft vermischen. Abgedeckt in den Kühlschrank stellen, bis der Fisch fertig ist.

Von der Mango die Hälfte der Schale abziehen und die darunterliegende Fruchtfleischhälfte abschneiden (es wird nur eine Hälfte benötigt). Das Fruchtfleisch in dünne Scheiben schneiden.

Den Fisch abtropfen lassen. Behutsam mit der Zwiebelmischung, der Kokosmilch, der Mango, dem Koriandergrün und der Frühlingszwiebel vermischen. Abgedeckt 5 Minuten in den Kühlschrank stellen.

Den Apfel (ungeschält) in Juliennestreifen hobeln und mit den Kokosraspeln mischen.

Zum Servieren den Fisch nochmals vorsichtig durchmischen und bei Bedarf mit noch etwas Salz abschmecken. Auf Portionsschüsseln oder Tellern verteilen und mit der Apfel-Kokosraspel-Mischung bestreuen.

Mit Kräutern gebackener Kabeljau und Blumenkohl, Zucchini, Dicke Bohnen, Brunnenkresse und Granatapfel

WARM ODER BEI RAUMTEMPERATUR SERVIEREN

ZUTATEN

1 mittelgroßer Blumenkohl, grüne Blätter und Strunk entfernt

2 EL gemischte frische gehackte Kräuter (wie Thymian, Oregano, Minze, Rosmarin, Estragon, Petersilie)

5 EL + 1 TL Olivenöl

600 g Kabeljaufilet, Gräten und Haut entfernt

1 EL Granatapfelsirup

2 EL Zitronensaft

2 Zucchini, beide Enden abgeschnitten, längs in 5 mm dicke Scheiben geschnitten

125 g Dicke Bohnen, blanchiert und abgeschreckt, geschält, falls es sich um große Exemplare handelt

1 große Handvoll Brunnenkresse, gewaschen und verlesen, dicke Stiele entfernt

2 EL Granatapfelkerne

Fisch und Blumenkohl, beides aus dem Backofen, bilden eine tolle Kombination von Aromen und Konsistenzen, besonders wenn der Blumenkohl noch leicht knackig ist. Es gibt viele Blumenkohlsorten mit unterschiedlichen Farben – in diesem Rezept habe ich einen hübschen violetten verwendet. Anstelle der üblichen grünen Zucchini habe ich hier der besonderen Optik wegen gelbe gewählt. Da sie nicht gegart werden, sollten Sie darauf achten, frische Exemplare mit festem Fruchtfleisch zu verwenden. Der Schlüssel zum Erfolg bei diesem Rezept ist, den Fisch nicht ganz durchzugaren – er gart beim Ruhen noch nach.

[ZUBEREITUNG]

Den Backofen auf 200 °C vorheizen.

Den Blumenkohl in Röschen trennen und in einen Bräter legen. Die Hälfte der Kräuter, 1 EL Olivenöl, Salz und frisch gemahlenen schwarzen Pfeffer hinzufügen und alles vermischen. Im Ofen auf der oberen Schiene 15–20 Minuten rösten, bis er Farbe angenommen hat.

Einen Bräter mit 1 TL Olivenöl einpinseln und den Fisch hineinlegen. Mit Salz und frisch gemahlenem schwarzem Pfeffer würzen, mit den restlichen Kräutern bestreuen und mit 2 EL Olivenöl beträufeln. Im Ofen backen, bis der Fisch fast gar ist: 3 cm dicke Filetstücke benötigen etwa 12 Minuten. Um den Gargrad zu überprüfen, mit einem Messer in eines der dickeren Stücke stechen und dieses vorsichtig auseinanderdrücken: Ist das Innere noch glasig, ist es perfekt.

Nun das Dressing zubereiten. Dazu den Granatapfelsirup mit dem Zitronensaft, 1 EL Olivenöl und ¼ TL Salz vermischen. Probieren und bei Bedarf noch etwas mehr Salz hinzufügen.

Die Zucchinischeiben im restlichen Olivenöl wenden und mit wenig Salz würzen.

Zum Servieren den Blumenkohl mit den Zucchini und den Dicken Bohnen vermischen. Mit der Brunnenkresse bestreuen. Den Fisch mithilfe eines Löffels und einer Gabel behutsam zerteilen und auf dem Salat anrichten. Mit dem Dressing beträufeln und mit den Granatapfelkernen garnieren.

Gegrillter Oktopus und Kartoffel-Bohnen-Salat mit Zwiebel und Dill

WARM ODER BEI RAUMTEMPERATUR SERVIEREN

ZUTATEN

1 großer Oktopus (etwa 3 kg)

2 rote Zwiebeln, geschält und in dünne Ringe geschnitten

75 ml (5 EL) Apfelessig

2 TL Zucker

500 g festkochende Kartoffeln, ungeschält, gründlich geschrubbt

Natives Olivenöl extra zum Aufwärmen und Beträufeln des Oktopus

150 g grüne und gelbe Bohnen, blanchiert und abgeschreckt

3 EL klein geschnittener Dill

2 Zitronen, in Viertel geschnitten

Oktopus zuzubereiten mag etwas anspruchsvoll klingen, ist aber nicht wirklich schwierig und den Aufwand unbedingt wert. Wenn Sie statt frischem Oktopus tiefgekühlten verwenden, ist das in Ordnung, manche sagen, es sei sogar besser, weil durch das Tiefkühlen die Zellwände im Fleisch reißen, wodurch es zarter wird. Die hier angewandte Technik, dass der Oktopus lange bei niedriger Temperatur gebacken statt gekocht wird, stammt von Paul Melville, dem talentierten Küchenchef, der die Küche im The Providores *leitete, als wir dieses Gericht fotografierten. Falls Sie keinen großen Oktopus bekommen, nehmen Sie einfach zwei oder drei kleinere und reduzieren Sie die Garzeit. Dieser Salat lässt sich bestens mit dem Wassermelonen-Feta-Salat auf Seite 29 kombinieren.*

[ZUBEREITUNG]

Zuerst den Oktopus garen. Dazu den Backofen auf 140 °C vorheizen. In einem großen Topf Wasser zum Kochen bringen (der Oktopus sollte problemlos hineinpassen, Sie können ihn bei Bedarf jedoch auch in zwei oder mehr Stücke schneiden), pro Liter Wasser 1 TL feines Salz zugeben. Einen Gitterrost (für Kuchen) mit Öl einpinseln und in einen Bräter stellen, der etwas größer als der Rost und mit Backpapier ausgelegt ist. Vom Oktopus den Kopf etwas über der Stelle abschneiden, an der sich die Tentakeln treffen, dann die Innereien entfernen. Den Mund herausschneiden und den Schnabel entfernen – beides zu finden, wo die Tentakeln zusammenlaufen. Die Tentakeln und den Kopf vorsichtig ins Wasser gleiten lassen und 1 Minute kochen. Mithilfe einer Küchenzange wieder herausheben und auf den geölten Rost legen. Den Oktopus mit Backpapier bedecken, die Seiten so im Bräter feststecken, dass der Oktopus davon umschlossen ist, dann den Bräter mit Aluminiumfolie verschließen oder mit einer umgedrehten hitzefesten Form abdecken, die den Bräter gut verschließt und dafür sorgt, dass keine Feuchtigkeit entweicht. Im Ofen 3½ Stunden garen. Dann prüfen, ob der Oktopus durchgegart ist: Er sollte immer noch eine feste Konsistenz besitzen, sich jedoch an der dicksten Stelle einer Tentakel leicht durchschneiden lassen. Aus dem Bräter nehmen und abkühlen lassen. Die Tentakeln abtrennen, den Kopf in Streifen schneiden.

Während der Oktopus im Ofen gart, die Zwiebeln mit 4 EL Apfelessig, dem Zucker und ½ TL Salz vermischen. Abgedeckt im Kühlschrank marinieren, mehrmals umrühren.

Die Kartoffeln in leicht gesalzenem Wasser gar kochen, dann abgießen und in dicke Scheiben schneiden, sobald sie so weit abgekühlt sind, dass man sie anfassen kann. Mit dem restlichen 1 EL Apfelessig vermischen. Bei Raumtemperatur beiseitestellen.

[REZEPT WIRD FORTGESETZT...]

[REZEPT WIRD FORTGESETZT...] Den Backofengrill auf hoher Stufe vorheizen. Ein Backblech leicht mit Öl einfetten, die Tentakeln und den in Scheiben geschnittenen Kopf darauf verteilen und mit noch etwas Öl bestreichen. Unter dem Grill erhitzen, bis die Haut des Oktopus Bläschen zu werfen beginnt.

Zum Servieren die Hälfte der Marinade von den Zwiebeln abgießen, dann mit den Kartoffeln, dem in Scheiben geschnittenen Oktopuskopf, den Bohnen und dem Dill vermischen. Auf Teller verteilen, jeweils mit einer Tentakel garnieren, den Sud vom Backblech ebenfalls zugeben. Mit etwas nativem Olivenöl extra beträufeln und mit den Zitronenspalten servieren.

FÜR 6 PERSONEN ALS VORSPEISE

Gegrillte Kalmare und Paprika mit Freekeh, Chili-Aubergine und Sesam-Erdnuss-Krokant

WARM ODER BEI RAUMTEMPERATUR SERVIEREN

ZUTATEN

1 kg ungesäuberte Kalmare

2 Zehen Knoblauch, geschält und in dünne Scheiben geschnitten

2 Paprika (rot, orange oder gelb), halbiert, Stiel, Samen und Scheidewände entfernt, dann in Streifen geschnitten

3 EL Olivenöl

200 g Freekeh (unreif geerntete Weizenkörner mit Räuchernote), abgespült und abgetropft

1 Handvoll abgezupfte Blättchen glatte Petersilie

2 Frühlingszwiebeln, in dünne Ringe geschnitten

2 saftige unbehandelte Zitronen

¼ TL fein abgeriebene unbehandelte Zitronenschale (von einer der beiden Zitronen)

1 Aubergine, in 1 cm dicke Scheiben geschnitten

1 mittelscharfe rote Chili, fein gehackt

1 kleine Handvoll Koriandergrün inklusive Stängel, in Streifen geschnitten (oder Petersilie, Fenchelgrün oder Dillspitzen verwenden)

2 EL Sojasauce

6 EL zerstoßener Sesam-Erdnuss-Krokant (siehe Seite 180)

Dieser herrlich aromatische Salat kann frisch gegrillt und heiß oder bei Raumtemperatur serviert werden, also die perfekte Mahlzeit, wenn etwas bei einer Grillparty in letzter Minute zubereitet werden soll, oder auch für zu Hause, wenn der Salat vor Eintreffen der Gäste fertig sein soll, damit das Haus nicht verräuchert ist. Die perfekte Länge für Kalmare ist 12–15 cm, deutlich kleinere oder auch größere sind ebenfalls geeignet – Sie müssen lediglich die Gardauer entsprechend anpassen. Der Sesam-Erdnuss-Krokant ist sehr einfach herzustellen und 2 Wochen haltbar, wenn Sie ihn luftdicht verpacken und an einem kühlen Ort aufbewahren.

[ZUBEREITUNG]

Zuerst die Kalmare säubern. Dazu die Körpermäntel von den Tentakeln trennen, die dreieckigen Körperflossen entfernen. Die Körpermäntel längs durchschneiden und mit einem Messer alles im Inneren Befindliche herausschaben. Die Schnäbel dort entfernen, wo die Tentakel aufeinandertreffen. Von den Körperflossen und den Körpermänteln alle Membranen abziehen, dann die vorbereiteten Kalmare und die Tentakel in ein Sieb legen und einige Minuten abtropfen lassen. Mit Küchenpapier trocken tupfen und in eine Schüssel legen. Den Knoblauch, die Paprikastreifen und 1 EL Olivenöl hinzufügen und vermischen, dann die Schüssel abdecken und 30 Minuten im Kühlschrank ziehen lassen.

Inzwischen einen mittelgroßen Topf zu drei Vierteln mit Wasser füllen und zum Kochen bringen. Den Freekeh und 1 TL Salz zugeben und 20 Minuten kräftig köcheln lassen, bis er gar ist. Er sollte immer noch etwas Biss haben, jedoch nicht mehr allzu hart sein. In ein Sieb abgießen und abkühlen lassen. Nach dem Abkühlen mit 1 EL Olivenöl, der Petersilie, den Frühlingszwiebeln, dem ausgepressten Saft von 1 Zitrone und der Zitronenschale vermischen und abschmecken.

Die andere Zitrone in vier oder sechs Spalten schneiden.

Die Auberginenscheiben mit dem restlichen Olivenöl bestreichen und leicht würzen. In einer gerillten Grillpfanne oder einer Pfanne mit schwerem Boden bei mittlerer bis hoher Temperatur braten, bis sie auf beiden Seiten goldbraun sind und Grillspuren aufweisen, was etwa 2 Minuten pro Seite dauert. Danach die Scheiben auf ein Backblech legen und mit der Hälfte der gehackten Chili und des Koriandergrüns bestreuen. Dann wenden und mit der anderen Hälfte der Chili und des Koriandergrüns und mit wenig Salz und frisch gemahlenem schwarzem Pfeffer bestreuen.

[REZEPT WIRD FORTGESETZT...]

[REZEPT WIRD FORTGESETZT...]

Den Herd auf nicht ganz höchste Temperatur einstellen, dann die Kalmare und die Paprika gemeinsam braten (dafür dieselbe Pfanne oder Grillpfanne wie für die Auberginen verwenden – sie muss nicht gespült werden), dabei wenden, wenn der Kalmar sich beim Garen zusammenrollt. In zwei Portionen braten, damit die Pfanne nicht zu voll ist, wodurch die Temperatur sinkt. Ebenfalls darauf achten, dass der Kalmar nicht zu lange gart, da er sonst zäh wird. Wenn die zweite Portion Kalmar und Paprika fast fertig ist, die Sojasauce zugießen, dann die erste Portion hinzufügen und erhitzen, bis die Sojasauce verdampft ist, dabei alle Zutaten durchmischen. Den Herd ausschalten und den Pfanneninhalt in eine Schüssel umfüllen.

Zum Servieren die Auberginenscheiben mit dem Freekeh auf einer Platte oder auf Tellern verteilen. Den Kalmar und die Paprika hügelförmig darauf anrichten. Mit dem zerstoßenen Sesam-Erdnuss-Krokant bestreuen und mit einer Zitronenspalte servieren.

Sesam-Erdnuss-Krokant

[ZUBEREITUNG]

Ein Backblech oder ein hitzefestes Tablett mit Backpapier auslegen.

Die Erdnüsse mit den Sesamsamen und ¼ TL Meersalzflocken vermischen.

Den Zucker in eine saubere, trockene Pfanne geben und ohne Umrühren bei mittlerer Temperatur schmelzen lassen. Sie können die Pfanne sanft schwenken, um sicherzustellen, dass der Zucker gleichmäßig schmilzt und bräunt, jedoch nicht rühren – wenn der Zucker auskristallisiert, müssen Sie noch mal von vorne beginnen.

Sobald der Zucker eine kräftige karamellbraune Farbe angenommen hat, den Herd ausschalten und die Erdnussmischung auf einmal hinzufügen. Mit dem Karamell verrühren, sodass alles damit überzogen ist, dann auf das Backpapier gießen, so flach wie möglich drücken und abkühlen lassen. Achtung: Die Masse ist sehr heiß!

Sie können den Krokant nun von Hand zerbrechen, ihn mit einem scharfen Messer vorsichtig klein hacken, während er noch etwas warm ist, oder in einen robusten Plastikbeutel füllen und mit einem Rollholz zertrümmern, bis er die gewünschte Größe hat. Den Krokant in einem luftdicht verschließbaren Behälter aufbewahren.

ZUTATEN

100 g gesalzene oder ungesalzene geröstete Erdnüsse – die zusätzlich nötige Salzmenge entsprechend anpassen

2 EL Sesamsamen, geröstet

¼ TL Meersalzflocken

150 g extrafeiner Zucker

FÜR 2 PERSONEN ALS HAUPTGERICHT ZUM BRUNCH

Gegrillte Garnelen, Bacon und Bananen mit Avocado und Chili-Mayonnaise

WARM SERVIEREN

ZUTATEN

250 g rohe Garnelen (500 g)

1 reife Banane

2 EL Pflanzenöl

1 große Schalotte, geschält und in dünne Ringe geschnitten

¼ TL fein abgeriebene unbehandelte Limettenschale

2 TL Limettensaft

4 EL Mayonnaise

Chilisauce (Menge nach Belieben)

4 Scheiben durchwachsener geräucherter Bacon (Schweinebauch)

2 große Scheiben Brot zum Rösten (ich habe türkisches Fladenbrot verwendet)

1 Avocado

1 großzügige Handvoll Baby-Blattspinat oder anderer Blattsalat

Garnelen und Bacon sind ein Traumpaar, besonders wenn der Bacon geräuchert, leicht knusprig und köstlich salzig ist. Frische, qualitativ hochwertige Garnelen besitzen eine leicht »knackige« Konsistenz und sind mild-süßlich – beides kombiniert ergibt ein echtes Geschmackserlebnis. Ergänzen Sie noch gegrillte Banane (zusammen mit Bacon ein Lieblingsfrühstück aus meiner Kindheit) und Sie haben ein perfektes unkompliziertes Gericht zum Brunch oder einen Energiebooster zum Abendessen! Als Basis für die Chili-Mayonnaise können Sie entweder die Mayonnaise oder die Milch-Aioli ohne Ei (siehe Seite 264 bzw. 266) verwenden.

[ZUBEREITUNG]

Die Garnelen schälen, dabei das Schwanzsegment intakt lassen. (Die Schalen lassen sich gut einfrieren, um zu einem späteren Zeitpunkt eine köstliche Bisque daraus zuzubereiten.) Mit einem kleinen, scharfen Messer am »Rückgrat« entlang aufschneiden, um den Darm zu entfernen und zu entsorgen.

Die Banane schälen und schräg in 5 mm dicke Scheiben schneiden. Die Garnelen und die Bananenscheiben behutsam mit dem Öl bestreichen.

Die Schalottenringe eine Minute in kaltem Wasser spülen und dabei voneinander trennen, dann abgießen. Mit der Limettenschale und 1 TL Limettensaft vermischen.

Für die Chili-Mayonnaise Mayonnaise mit Chilisauce und 1 TL Limettensaft vermischen. Nach Belieben mit Salz abschmecken.

Sie können zum Grillen entweder den Backofengrill, eine Pfanne oder einen Holzkohlegrill verwenden. Den Backofengrill oder die Pfanne bei mittlerer bis hoher Temperatur erhitzen, dann den Bacon grillen, bis er knusprig ist und im ausgelassenen Fett brutzelt. Von der Hitzequelle entfernen und warm halten. Die Garnelen nicht länger als 60 Sekunden pro Seite grillen, je nach Größe. Die Garnelen zum Bacon geben und warm halten. Die Bananenscheiben von beiden Seiten grillen, bis sie zu karamellisieren beginnen. Sie werden beim Wenden ziemlich weich sein, daher sollten Sie vorsichtig vorgehen. Von der Hitzequelle entfernen.

Nun das Brot rösten. Die Avocado schälen, den Kern entfernen, das Fruchtfleisch auslösen und in Spalten schneiden.

Zum Servieren die Garnelen behutsam mit dem Bacon, der Banane, der Schalotte, der Avocado und dem Blattspinat vermischen, dann auf das Röstbrot türmen. Mit der Chili-Mayonnaise servieren.

Szechuanpfeffer-Garnelen mit geröstetem Miso-Topinambur, knusprigem Knoblauch und Umeboshi-Dressing

WARM SERVIEREN

Dieses Rezept kann leicht vervielfacht werden, wenn die Vorspeise für mehr Personen zubereitet werden soll, es kann auch zusammen mit einem knackigen grünen Blattsalat als Hauptgericht für zwei Personen serviert werden. Hier müssen kleine rohe Garnelen verwendet werden – und keine bereits gekochten. Bei Szechuanpfeffer handelt es sich um ein Gewürz aus China, das ein taubes Gefühl auf der Zunge hinterlässt, in Japan wird er Sanshopfeffer genannt. Der Pfeffer ist Geschmackssache – ich selbst liebe ihn, ich habe jedoch einige Freunde, die ihn nicht ausstehen können. Falls Sie ihn nicht auftreiben können, ersetzen Sie ihn durch schwarzen Pfeffer. Sollte Topinambur gerade keine Saison haben, nehmen Sie stattdessen in Stücke geschnittenen Knollensellerie, Süßkartoffel oder Kürbis. Umeboshi sind eingesalzene

ZUTATEN

500 g Topinambur, gründlich geschrubbt (oder geschält, falls sie sehr schmutzig sind)

1 EL Misopaste (ich habe *shiro miso*, die weiße Misopaste, verwendet)

1 EL Olivenöl

2 TL Sesamsamen

4 ganze Umeboshi, entsteint und grob gehackt

1 große Schalotte, geschält fein gehackt

1 Frühlingszwiebel, in dünne Ringe geschnitten

2 TL fein gehackter oder geriebener Ingwer

1 EL Zucker

½ TL fein abgeriebene unbehandelte Limettenschale (oder Zitronenschale)

75 ml (5 EL) Limettensaft (oder Zitronensaft)

2 TL Fischsauce

1 EL unzerkleinerter Szechuanpfeffer

2 EL Meersalzflocken

3 EL Reismehl (oder Maisstärke, Tapiokastärke oder auch Weizenmehl)

Pflanzenöl zum Frittieren

6 Zehen Knoblauch, geschält und in dünne Scheiben geschnitten

500 g geschälte rohe Garnelen ohne Kopf, aber mit intaktem Schwanzsegment, in der Mitte bis zum Schwanz auseinandergeschnitten (sodass sie nur noch am Schwanz verbunden bleiben)

1 Handvoll Koriandergrün, die Blättchen abgezupft, die Stängel in 2 cm lange Stücke geschnitten

1 große, saftige Limette, geviertelt

saure japanische Früchte, ume genannt (viele denken, es handele sich dabei um Pflaumen, die Frucht ist jedoch enger mit der Aprikose verwandt). Sie werden als ganze Früchte in Gläsern angeboten oder als Paste. Falls Sie keine ganzen Früchte finden können, verwenden Sie 2 TL von der Paste.

[ZUBEREITUNG]

Den Backofen auf 180 °C vorheizen. Einen Bräter mit Backpapier auslegen.

Den Topinambur in 5 mm dicke Scheiben hobeln. Die Misopaste mit dem Olivenöl, dem Sesam und 2 EL warmem Wasser verrühren. Mit dem Topinambur mischen, dann in den Bräter geben und im Ofen etwa 20 Minuten goldbraun rösten. Ab und zu durchmischen, damit der Topinambur gleichmäßig bräunt.

Das Dressing zubereiten. Dazu die Umeboshi mit der Schalotte, der Frühlingszwiebel, dem Ingwer, dem Zucker, der Limettenschale, dem Limettensaft und der Fischsauce vermischen.

Für die Salz-und-Pfeffer-Mischung den Szechuanpfeffer in einer Pfanne ohne Fettzugabe 1–2 Minuten bei mittlerer bis hoher Temperatur rösten, bis er zu duften beginnt, dabei die Pfanne etwas rütteln. Die Meersalzflocken hinzufügen und weitere 20 Sekunden rösten, währenddessen die Pfanne ständig sanft rütteln. In einen Mörser füllen und mit dem Stößel relativ fein zerstoßen, allerdings nicht pulverisieren. Nach dem Abkühlen mit dem Reismehl in einer Schüssel vermischen.

In einen Wok oder einen Topf mit hohem Rand das Öl 1 cm hoch einfüllen und erhitzen, bis es leicht zu rauchen beginnt (bei etwa 160 °C).

Die Knoblauchscheiben möglichst gleichzeitig ins Öl streuen, damit sie gleichmäßig garen, und sanft umrühren, während der Knoblauch eine goldbraune Färbung annimmt. Wird er kräftig dunkelbraun, besteht die Gefahr, dass er bitter und verbrannt schmeckt, bleibt er zu hell, wird er nicht knusprig. Sobald der Knoblauch fertig ist, mit einem Sieblöffel herausheben und auf Küchenpapier abtropfen lassen.

Zum Garnelenfrittieren so viel Öl auffüllen, dass es etwa 5 cm hoch im Wok oder Topf steht, dann das Öl auf 180 °C erhitzen. Die Garnelen mit Küchenpapier trocken tupfen. Im mit Szechuanpfeffer gewürzten Mehl wenden und 30 Sekunden antrocknen lassen. Überschüssiges Mehl abschütteln, dann die Garnelen auf ein Tablett legen. In zwei oder drei Portionen frittieren, bis sie goldbraun und knusprig sind, dann auf Küchenpapier abtropfen lassen. Nicht zu viele gleichzeitig in den Wok oder Topf geben, da sonst die Öltemperatur sinkt und die Garnelen fettig schmecken.

Zum Servieren den Topinambur auf einer Platte oder auf Tellern verteilen. Mit den Korianderstängeln bestreuen, dann die Garnelen obenauf setzen. Mit dem Dressing beträufeln, mit den Korianderblättchen und dem knusprigen Knoblauch bestreuen und mit den Limettenvierteln anrichten.

Venusmuscheln, Miesmuscheln, Puy-Linsen, Kokosnuss, Queller, Tomate und Shiitakepilze

WARM SERVIEREN

ZUTATEN

100 g Puy-Linsen

2 EL Sesamöl

2 große Schalotten, geschält und fein gehackt

4 Zehen Knoblauch, geschält und in Scheiben geschnitten

1 kg Venusmuscheln, gründlich abgespült und gesäubert, bereits geöffnete oder beschädigte weggeworfen

1 kg Miesmuscheln, gründlich abgespült, von Bärten befreit, bereits geöffnete oder beschädigte weggeworfen

1 Dose ungesüßte Kokosmilch à 400 ml

4 Tomaten, halbiert, Samen herausgedrückt, gewürfelt

300 g Shiitakepilze, Hüte in dicke Scheiben geschnitten, Stiele entfernt und weggeworfen

100 g Queller, holzige Stiele weggeworfen

Die Brühe, die bei der Zubereitung dieses Gerichts entsteht, ist so köstlich, dass es sich fast schon lohnt, es nur dafür zuzubereiten, servieren Sie also etwas Brot dazu, um den wunderbaren Sud aufzutunken. Ebenfalls eine gute Idee sind Fingerschalen für Ihre Gäste, da beim genussvollen Essen die Finger zum Einsatz kommen.

[ZUBEREITUNG]

Zuerst die Linsen kochen. Dazu die Linsen 15 Sekunden in einem Sieb abspülen, dann in einen Topf füllen und 5 cm hoch mit Wasser bedecken. ½ TL Salz zugeben. Zum Kochen bringen und unter kräftigem Simmern kochen, bis sie gar sind, was etwa 20 Minuten dauert, dann abgießen.

In einem großen Topf das Sesamöl bei mittlerer Temperatur erhitzen, die Schalotten und den Knoblauch darin anschwitzen, bis sie karamellisiert sind. Die Muscheln hinzufügen und 1 Minute unter sanftem Rühren erhitzen. Die Kokosmilch unterrühren und zum Kochen bringen. Den Deckel auflegen und 3 Minuten kochen lassen. Dann umrühren und mit dem Kochen fortfahren, bis sich alle Muscheln geöffnet haben. Die Muscheln herausheben und in ein Sieb legen, dabei alle noch ungeöffneten Muscheln entsorgen. Die Kokosbrühe bei hoher Temperatur um die Hälfte einkochen lassen. Die Tomaten, die Shiitakepilze und den Queller hinzufügen und 1 Minute mitkochen.

Eine Handvoll von den Muscheln in der Schale mit der besten Optik beiseitelegen (ich habe pro Person sechs Venusmuscheln und vier Miesmuscheln verwendet). Von den restlichen Muscheln das Fleisch auslösen und die Schalen wegwerfen.

Zum Servieren alle Muscheln und die Linsen in die Brühe geben, bei Bedarf mit Salz und grob gemahlenem schwarzem Pfeffer abschmecken. In vorgewärmte Schüsseln schöpfen.

Austern, geröstete Tomaten, Sellerie, Dashigelee und Chili-Sesam-Dressing

LEICHT GEKÜHLT SERVIEREN

ZUTATEN

6 Roma-Tomaten, längs halbiert

½ TL fein gehackter Thymian

½ TL fein gehackter Estragon

¼ TL Chiliflocken

1 EL natives Olivenöl extra

1 Handvoll Brunnenkresse, verlesen

12–16 Austern, frisch aufgebrochen und ausgelöst

2 Stangen junger Staudensellerie (aus dem Sellerieherz), in dünne Scheiben geschnitten

DASHIGELEE

10–12 g Kombu-Seetang (in Bögen von 10 × 12 cm), kurz unter warmem Wasser abgespült und trocken getupft

3½ EL Sojasauce

3½ EL Mirin (süßer japanischer Reiswein)

10 g getrocknete Bonitoflocken

1 gehäufter TL (4 g) Agar-Agar (aus Algen gewonnenes Geliermittel)

CHILI-SESAM-DRESSING

1 Schalotte, geschält und fein gehackt

¼ mittelscharfe Chili, fein gehackt, inklusive Samen

½ TL fein abgeriebene unbehandelte Limettenschale

Ich liebe diesen Salat eiskalt serviert, mit frisch ausgelösten Austern. In kühleren Monaten habe ich ihn jedoch auch schon mit kurz in einer Dashi-Sahne-Mischung pochierten Austern zubereitet. Dafür die doppelte Menge Dashi wie hier im Rezept angegeben herstellen und die Hälfte davon mit der gleichen Menge Kokosmilch oder Sahne mischen. Zum Gelieren des Dashigelees verwende ich Agar-Agar-Pulver, ein vegetarisches Geliermittel auf Algenbasis, das Sie jedoch auch durch Gelatine ersetzen können. Der Dashifond ergibt mehr Gelee, als Sie hier benötigen, es gestaltet sich jedoch sehr schwierig, eine kleinere Menge davon herzustellen. Bereiten Sie das Gelee zuerst zu, es lässt sich fünf Tage lang im Kühlschrank aufbewahren. Sie können auch Dashigranulat in Geschäften mit japanischem Lebensmittelangebot kaufen. Rechnen Sie je nach Größe drei oder vier Austern pro Person.

[ZUBEREITUNG]

Das Dashigelee spätestens 3 Stunden vor dem Servieren herstellen. Dazu den Kombu-Seetang mit der Sojasauce, dem Mirin und 400 ml Wasser in einen Topf geben und sehr langsam erhitzen, bis die Flüssigkeit *fast* kocht – achten Sie darauf, dass sie wirklich nur fast kocht. Den Herd ausschalten und die Bonitoflocken hinzufügen. Kurz umrühren, dann 15 Minuten ziehen lassen. Durch ein feines Sieb in einen sauberen Topf abseihen – Sie sollten nun 400 ml Flüssigkeit haben. Erhitzen, bis sie kräftig köchelt, dann vom Herd nehmen, die Oberfläche mit dem Agar-Agar-Pulver bestreuen und dieses mit einem Schneebesen behutsam unterschlagen. Den Topf zurück auf den Herd stellen und langsam erhitzen, bis die Flüssigkeit sanft köchelt, dabei permanent mit dem Schneebesen rühren, und 1 Minute kochen lassen. In ein hitzefestes Gefäß gießen, erstarren und abkühlen lassen. (Interessanterweise gelieren mit Agar-Agar zubereitete Gelees bereits, wenn sie noch warm sind.) Abgedeckt in den Kühlschrank stellen, wo das Gelee 5 Tage lang haltbar ist. Das Gelee in lange Stäbchen, dünne Streifen oder eine beliebige Form schneiden, die Ihnen gefällt.

Den Backofen auf 160 °C vorheizen. Einen Bräter mit Backpapier auslegen.

Die Tomatenhälften mit der Schnittseite nach oben in den Bräter legen. Gleichmäßig mit dem Thymian, dem Estragon und den Chiliflocken bestreuen. Mit dem Olivenöl beträufeln und mit wenig Salz würzen. Etwa 45 Minuten im Ofen rösten, bis sie Farbe angenommen haben und leicht geschrumpft sind. Aus dem Ofen nehmen und abkühlen lassen.

4 EL Limettensaft

2 EL Mirin (süßer japanischer Reiswein; oder 1 EL extrafeiner Zucker mit 1 EL Wasser verrührt)

1 EL Sesamöl

2 TL Fischsauce (oder helle Sojasauce oder ¼ TL Salz)

2 EL fein geschnittener Schnittlauch

Das Chili-Sesam-Dressing zubereiten. Dazu die Schalotte mit der Chili, der Limettenschale, dem Limettensaft, dem Mirin, dem Sesamöl und der Fischsauce in ein Schraubverschlussglas füllen und kräftig schütteln. Bis zur Weiterverwendung in den Kühlschrank stellen. Direkt vor dem Servieren den Schnittlauch hinzufügen und erneut schütteln.

Zum Servieren die Teller mit Brunnenkresse auslegen, darauf die Tomatenhälften und die Austern anrichten. Mit dem Staudensellerie bestreuen und mit Dashistreifen garnieren. Mit dem Dressing beträufeln.

Rohe Jakobsmuscheln mit Yambohne, Gurke, Radieschen, Seetang, Passionsfruchtdressing und Macadamianüssen

GEKÜHLT SERVIEREN

ZUTATEN

300 g Jakobsmuscheln, gesäubert, orangefarbener Corail (Rogen) abgetrennt und aufbewahrt

2 TL natives Olivenöl extra

5 g getrockneter Seetang

¼ Yambohne (Jicama; etwa 100 g), geschält und in Juliennestreifen gehobelt oder in Streifen abgeschält

2 kleine Salatgurken (oder ½ normale Salatgurke), geschält, Samen entfernt und längs in Streifen gehobelt

4 Radieschen, in dünne Scheiben gehobelt

1 Frühlingszwiebel, in dünne Ringe geschnitten

50 g Macadamianusskerne, leicht geröstet und grob gehackt

PASSIONSFRUCHTDRESSING

4 EL frisches Passionsfruchtmark (von 3 oder 4 Passionsfrüchten, je nachdem, wie prall sie sind)

2 EL Limettensaft

1 EL Sojasauce

1 TL fein gehackter oder geriebener Ingwer

½ grüne Chili, fein gehackt, inklusive Samen (nach Belieben mehr oder weniger verwenden)

2 TL gehackter oder geriebener Palmzucker (oder heller Rohrzucker)

2 EL Sonnenblumenöl

Für dieses Gericht müssen Sie die besten Jakobsmuscheln verwenden, die es zu kaufen gibt. Falls Sie keine finden, verwenden Sie stattdessen den allerfrischesten rohen Fisch, gegarte Garnelen oder auch dünn aufgeschnittenen Räucherlachs. Der Corail (Rogen) der Jakobsmuscheln sorgt für ein zusätzliches, erstaunlich köstliches Geschmackselement, also bitte nicht wegwerfen. Yambohne ist auch als Jicama bekannt und sollte in Supermärkten mit südostasiatischem Lebensmittelangebot erhältlich sein. Falls Sie sie nicht ausfindig machen können, ersetzen Sie sie durch Kohlrabi oder Nashibirne. Getrockneter Seetang ist inzwischen problemlos zu finden, die Auswahl ist riesig: von Meeresspaghetti (Riementang) und Meersalat zu Sorten wie Arame, Dulse und Nori, um nur einige zu nennen. Sie sind alle recht unterschiedlich und sorgen für Farbe, Konsistenz und Innovation in Ihrem Salat. Ist der von Ihnen verwendete Tang dickfleischig, dampfgaren Sie ihn nach dem Einweichen 10 Minuten, dann unter fließendem kaltem Wasser abschrecken und abtropfen lassen.

[ZUBEREITUNG]

Je nachdem, wie dick Ihre Jakobsmuscheln sind, diese quer in zwei oder drei Scheiben schneiden. In ein säurebeständiges Gefäß legen, mit ¼ TL Salz bestreuen und mit dem Olivenöl beträufeln. Abgedeckt in den Kühlschrank stellen. Den Corail (Rogen) in Stücke schneiden und in einer kleinen Schüssel kalt stellen.

Den Seetang 30 Minuten in kochendem Wasser einweichen, dann abgießen.

Das Passionsfruchtdressing herstellen. Das Passionsfruchtmark mit dem Limettensaft, der Sojasauce, dem Ingwer, der Chili und dem Palmzucker in ein Schraubverschlussglas füllen und kräftig schütteln, bis sich der Zucker aufgelöst hat. Das Sonnenblumenöl hinzufügen und erneut aufschütteln.

Ein Drittel des Dressings mit dem Corail (Rogen) vermischen. Nochmals 10 Minuten in den Kühlschrank stellen.

Zum Servieren die Yambohne mit der Salatgurke, den Radieschen, der Frühlingszwiebel und dem Seetang vermischen und auf vier gekühlte Teller verteilen. Die Jakobsmuschelscheiben darauf anrichten, den Corail darüber verteilen. Mit dem restlichen Dressing beträufeln und mit den Macadamianüssen bestreuen.

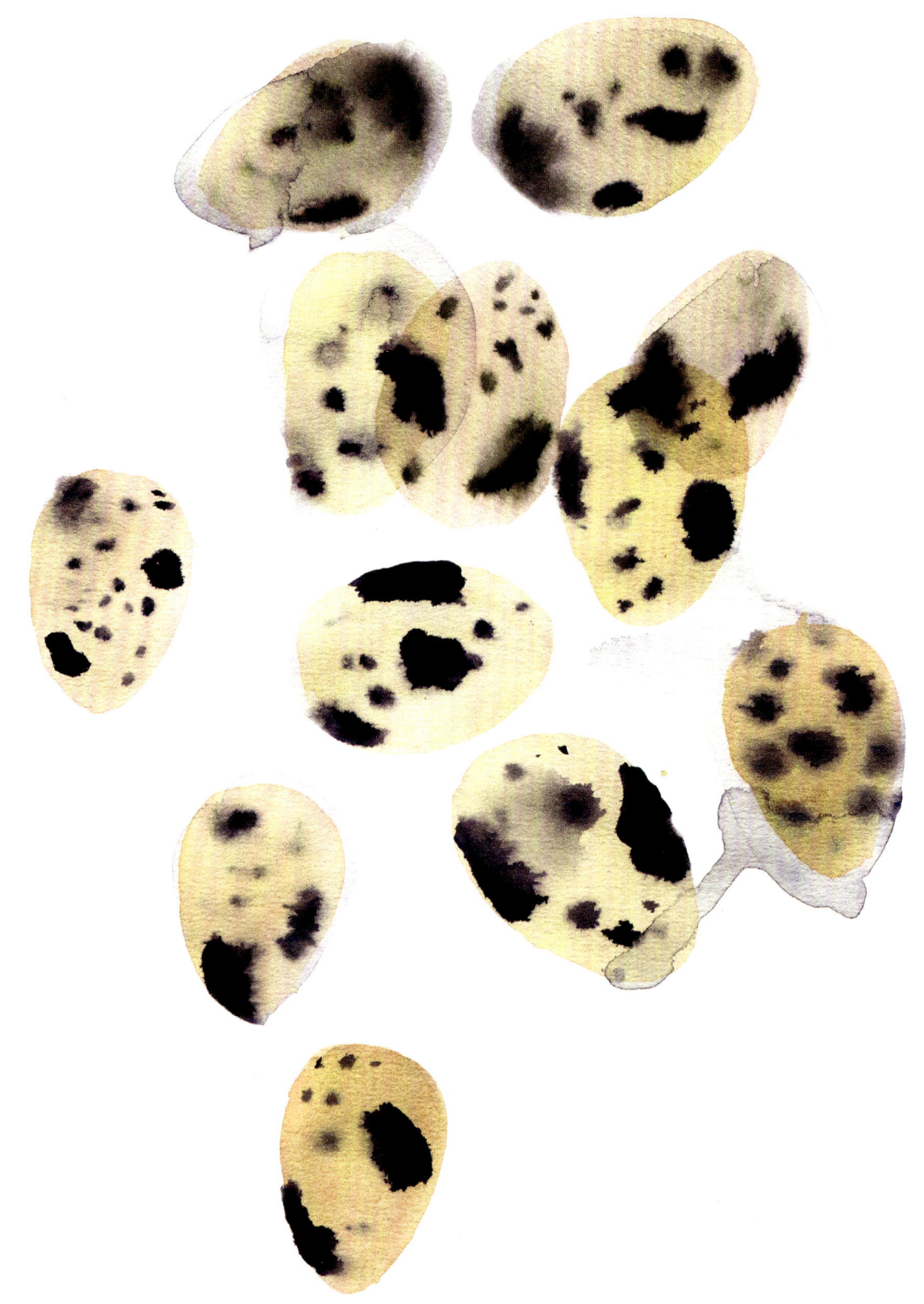

Salate mit Geflügel

KAPITEL 6

Brathähnchen mit Kumquats, schwarzem Knoblauch, Grünkohl und Avocado

WARM ODER BEI RAUMTEMPERATUR SERVIEREN

ZUTATEN

8 entbeinte Hähnchenkeulen

8 Zehen schwarzer Knoblauch, in Scheiben geschnitten

8 unbehandelte Kumquats, ungeschält in dünne Scheiben geschnitten

2 TL frische Rosmarinnadeln (oder frischer Thymian oder Oregano oder eine Mischung)

4 EL Sonnenblumenkerne

2 EL Avocadoöl

1 kleine rote Zwiebel, geschält und in dünne Ringe geschnitten

200 g Grünkohl, Strunk entfernt und weggeworfen

2 Avocados

2 EL Zitronensaft

1 Salatgurke, beide Enden abgeschnitten, in dünne Scheiben geschnitten

Bei schwarzem Knoblauch handelt es sich um fermentierten Knoblauch mit köstlichem Geschmack, der Gerichten ein feines melasse-karamellartiges Aroma verleiht, jedoch ohne den intensiven Nachgeschmack von rohem Knoblauch. Inzwischen ist er immer leichter zu finden, falls Sie jedoch kein Glück haben sollten, ersetzen Sie ihn durch normalen Knoblauch. Die Kumquats machen sich hier auch ausgezeichnet: dadurch, dass sie mit Schale verwendet werden, bringen sie eine leicht bittere Note ins Spiel. Falls sie nicht erhältlich sind, nehmen Sie in dünne Scheiben geschnittene Zitronen, Mandarinen oder Orangen. Avocadoöl eignet sich für jedes Gericht, das auch Avocados enthält. Es besitzt einen hohen Rauchpunkt, wodurch es prädestiniert zum Rösten und Braten ist. Olivenöl oder Sonnenblumenöl lassen sich hier ebenfalls gut verwenden, falls Sie kein Avocadoöl bekommen.

[ZUBEREITUNG]

Den Backofen auf 180 °C vorheizen.

Das Hähnchenfleisch, den Knoblauch, die Kumquats, den Rosmarin und die Sonnenblumenkerne in einen Bräter geben. Das Avocadoöl und 2 EL Wasser zugießen und mit Salz und frisch gemahlenem schwarzem Pfeffer würzen. Alles vermischen. Im Backofen garen, bis die Haut goldbraun und knusprig und das Hähnchen durchgegart ist, was 30–40 Minuten dauert, währenddessen die Hähnchenteile einige Male wenden. Aus dem Ofen nehmen und so weit abkühlen lassen, dass man sie anfassen kann, dann jedes Hähnchenstück in vier oder fünf Scheiben schneiden.

Während das Hähnchen im Backofen gart, die Zwiebel 10 Minuten in kaltem Wasser einweichen, dann abgießen.

In der Zwischenzeit den Grünkohl 3 Minuten blanchieren oder dampfgaren. In ein Sieb geben und, sobald er so weit abgekühlt ist, dass man ihn anfassen kann, so viel Wasser wie möglich herausdrücken, dann in breite Streifen schneiden.

Das Fruchtfleisch der Avocados auslösen und in Stücke schneiden. Mit dem Zitronensaft vermischen, damit es sich nicht braun verfärbt.

Zum Servieren den Grünkohl mit der Zwiebel, der Salatgurke und der Avocado mischen und auf einer Servierplatte ausbreiten. Das in Scheiben geschnittene Hähnchen darauf anrichten und mit dem Inhalt des Bräters beträufeln.

FÜR 4 PERSONEN ALS HAUPTGERICHT

In Kokosmilch pochiertes Hähnchen mit Schinken, Melone, Croûtons und Blattspinat

WARM ODER BEI RAUMTEMPERATUR SERVIEREN

ZUTATEN

1 Dose ungesüßte Kokosmilch à 400 ml

1 Stück Ingwer (5 cm lang), geschält und in dünne Scheiben geschnitten

3 Kaffirlimettenblätter (oder ½ TL fein abgeriebene unbehandelte Limettenschale)

2 TL Fischsauce (oder 1 TL Meersalzflocken)

½ mittelscharfe Chili, gehackt, inklusive Samen (nach Belieben mehr oder weniger verwenden)

4 Hähnchenbrustfilets à etwa 175 g mit Haut (so bleibt das Fleisch saftig, die Haut wird nach dem Kochen entfernt)

8 Scheiben nicht mehr ganz frisches Brot (5 mm dick)

1 TL Olivenöl

200 g Baby-Blattspinat

1 EL Limettensaft (oder Zitronensaft)

400 g Melone, Samen und Schale entfernt, in Spalten oder Stücke geschnitten

125 g dünn aufgeschnittener roher Schinken

Da es sich hier um einen sehr einfachen Salat handelt, müssen Sie dafür sorgen, dass alle Zutaten perfekt sind. Verwenden Sie gute Freiland- oder Bio-Hähnchenbrust – sollten Sie welche von Mais-Hühnern aus Bio-Aufzucht finden, umso besser. Melonen schmecken nur dann wirklich gut, wenn sie reif und süß sind. Ich habe sowohl Galia- als auch Cantaloupe-Melone verwendet, sogar Wassermelone würde hier passen. Als Rohschinken eignen sich italienischer prosciutto *oder spanischer* jamón. *Für die Croûtons habe ich in meinem Feinkostladen um die Ecke Olivenfocaccia gekauft. Am Tag, an dem wir den Salat fotografierten, sah der Baby-Blattspinat besonders ansprechend aus, aber Feldsalat, Romanasalatherzen oder wilder Rucola bieten sich ebenfalls an. Außer dem Anrichten der einzelnen Zutaten müssen Sie nur noch die Hähnchenbrustfilets in einer Kokosbrühe pochieren, was Sie von 3 Stunden bis zu einem Tag im Voraus erledigen können. Aus dem Pochiersud, der übrig bleibt, lässt sich eine köstliche thailändische Hühnersuppe zubereiten, zudem kann er wunderbar als Fond für ein Spinat-Erbsen-Risotto mit Ingwer verwendet werden. Köstlich!*

[ZUBEREITUNG]

Den Backofen auf 170 °C vorheizen.

Die Kokosmilch in einen großen Topf gießen, dann die Dose mit der gleichen Menge Wasser füllen und ebenfalls zufügen. Den Ingwer, die Limettenblätter, die Fischsauce und die Chili hinzufügen und zum Kochen bringen. Den Deckel auflegen und 10 Minuten köcheln lassen. Dann die Temperatur erneut erhöhen, den Deckel abnehmen und erhitzen, bis die Mischung fast kocht.

Die Hähnchenbrustfilets mit der Hautseite nach unten in den Topf legen, dann die Temperatur so weit senken, dass alles nur noch sanft köchelt, und bei geschlossenem Deckel 8 Minuten garen. Mithilfe einer Küchenzange behutsam wenden und weitere 3 Minuten garen. Dann den Herd ausschalten und 20 Minuten im Sud abkühlen lassen.

In der Zwischenzeit die Croûtons herstellen. Dazu die Brotscheiben auf einem Backblech ausbreiten und mit wenig Öl einpinseln. So lange rösten, bis sie knusprig werden und sich zart goldbraun zu färben beginnen. Dann wenden und von der anderen Seite nochmals 5 Minuten rösten. Aus dem Ofen nehmen und auf einem Gitterrost abkühlen lassen.

Die Hähnchenbrustfilets aus dem Sud heben und auf einem Blech abkühlen lassen. Den Pochiersud durch ein feines Sieb in einen Krug abseihen und abkühlen lassen. Direkt vor dem Servieren von den Filets die Haut abziehen und das Fleisch schräg in 7 mm dicke Scheiben schneiden.

Zum Servieren den Baby-Blattspinat mit 4 EL des abgekühlten Pochiersuds, dem Limettensaft und einigen Prisen Salz vermischen. Den Blattspinat auf den Tellern verteilen, die Melonenscheiben darauf anrichten. Erst die Filetscheiben, dann den Schinken darauf arrangieren. Mit den Croûtons servieren.

Pochiertes Huhn mit Grünteenudeln, gegrilltem Baby-Mais, Daikon, Granatapfel und Zitronengras

BEI RAUMTEMPERATUR SERVIEREN

ZUTATEN

1 Masthuhn (Poularde mit etwa 2 kg)

3 l Hühnerfond (oder Wasser)

125 ml Sojasauce

10 Sternanis

2 Zimtstangen à 6 cm

1 EL Koriandersamen

1 Clementine (oder Mandarine oder Orange), in sechs Teile geschnitten

4 Zehen schwarzer Knoblauch (oder geräucherter Knoblauch oder frischer Knoblauch), in Scheiben geschnitten

6 getrocknete (oder 12 frische) Shiitakepilze

100 g Ingwer, geschält und in Scheiben geschnitten

4 EL Honig, Agavendicksaft, Palmzucker oder Demerarazucker

250 g Grünteenudeln

2 EL Sesamöl

500 g Baby-Mais

2 TL Sonnenblumenöl

3 Frühlingszwiebeln, in dünne Ringe geschnitten

300 g gepalte Edamame (unreif geerntete grüne Sojabohnen), blanchiert

300 g Daikonrettich, geschält und in dünne Scheiben gehobelt

Ausgelöste Kerne von ½ Granatapfel

Geflügel in Fond zu pochieren, ist nichts Neues, wobei diese »Meistersauce« in China in manchen Regionen wieder und wieder verwendet wird, wodurch sie intensiv aromatisch und konzentriert wird. Wenn Sie das Huhn für diesen Salat gekocht haben, seihen Sie den Fond durch ein Sieb ab und verwenden ihn erneut zum Kochen oder frieren Sie ihn ein, wie er ist, oder kochen Sie ihn zuerst auf ein Viertel ein und frieren ihn dann ein. Egal, für was Sie sich entscheiden: Wenn Sie die Meistersauce das nächste Mal verwenden, prüfen Sie, ob nachgewürzt werden muss, bevor Sie Ihr Huhn darin pochieren, und fügen Sie entweder mehr Aromen hinzu oder verdünnen Sie sie mit Wasser. Die Grünteenudeln (cha soba) können auch durch Buchweizennudeln, Vermicelli oder chinesische Eiernudeln ersetzt werden.

[ZUBEREITUNG]

Vom Huhn die Keulen abschneiden, diese unzerteilt lassen. Die Flügel ebenfalls abtrennen. Falls sich der Hals noch am Huhn befindet, diesen durchspülen. Die Körperhöhle ebenfalls durchspülen. Den Hühnerfond mit der Sojasauce, dem Sternanis, den Zimtstangen, den Koriandersamen, der Clementine, den Knoblauchscheiben, den Shiitakepilzen, dem Ingwer und dem Honig in einen Topf füllen, der ausreichend groß ist, um alle Hühnerteile aufzunehmen. Zum Kochen bringen und abgedeckt 20 Minuten köcheln lassen. Die Flügel und die Keulen hineingeben, erneut zum Kochen bringen, dann die Temperatur so weit senken, dass der Fond nur noch köchelt, und 10 Minuten garen. Die Karkasse hinzufügen, mit kochendem Wasser bedecken, zum Kochen bringen, dann die Temperatur so weit senken, dass der Fond nur noch köchelt, und abgedeckt 12 Minuten garen. Den Herd ausschalten und das Huhn 5 Stunden im Fond ziehen lassen, ohne den Deckel abzunehmen.

Die Keulen, die Flügel und die Karkasse aus dem Pochiersud nehmen. Das Fleisch von den Knochen ablösen, in Stücke schneiden und abgedeckt beiseitestellen. Für das Dressing vom Sud 200 ml abmessen und durch ein Sieb in ein sauberes Schraubverschlussglas abseihen.

Nun das Dressing zubereiten. Dazu das Zitronengras, den Ingwer und den Essig zum abgemessenen Sud geben und das fest verschlossene Glas kräftig schütteln. Mit Salz abschmecken und bis zu einer Stunde bei Raumtemperatur stehen lassen oder in den Kühlschrank stellen. Das Dressing soll schön pikant abgeschmeckt sein.

Die Nudeln in einen zur Hälfte mit kochendem Salzwasser gefüllten großen Topf geben. Noch mal zum Kochen bringen, dann 200 ml kaltes Wasser unterrühren. Den Vorgang

DRESSING

1 Stück Zitronengras (5 cm lang) vom unteren Ende des Stängels, die beiden äußeren Schichten entfernt, das Innere in dünne Ringe geschnitten

1 EL geriebener oder fein gehackter Ingwer

2 EL Balsamico-Essig (oder schwarzer chinesischer Essig)

200 ml abgemessener Pochiersud vom Huhn (siehe Zubereitung)

wiederholen, sobald das Wasser erneut kocht, dann auf mittlere Temperatur einstellen und die Nudeln al dente kochen. In ein Sieb abgießen und unter fließendem kaltem Wasser abspülen. In eine große Schüssel füllen und mit dem Sesamöl vermischen.

Den Baby-Mais mit dem Sonnenblumenöl mischen. Bei hoher Temperatur in einer Pfanne oder gerillten Grillpfanne anbraten, bis sie ringsum Farbe angenommen haben, dann zu den Nudeln geben. Die Frühlingszwiebeln, die Hälfte der Edamame, die Hälfte des Daikon, die Hälfte der Granatapfelkerne und 2 EL des Dressings hinzufügen und auf Tellern verteilen.

Die Hühnerfleischstücke auf dem Nudelsalat anrichten, dann alles mit den restlichen Edamame, Daikonscheiben und Granatapfelkernen bestreuen. Das Dressing erneut aufschütteln und über das Huhn träufeln.

FÜR 4 PERSONEN ALS HAUPTGERICHT
ODER FÜR 6 PERSONEN ALS VORSPEISE

Hähnchenlebern mit Quinoa, geröstetem Fenchel, Haselnüssen, Pilzpüree und Estragon-Crème-fraîche

WARM SERVIEREN

ZUTATEN

2 Knollen Fenchel, geputzt und längs fein gehobelt

2 Zehen Knoblauch, geschält und in dünne Scheiben geschnitten

8 Blättchen Salbei, in Streifen geschnitten

1 EL Olivenöl

100 g Quinoa, gekocht und abgegossen (siehe Seite 75)

60 g Butter

1 TL fein geriebener oder gehackter Ingwer

150 g Portobello-Pilze, in dünne Scheiben geschnitten

½ TL Meersalzflocken

150 g Crème-fraîche

1 EL abgezupfte Blättchen Estragon

½ rote Zwiebel (oder 2 Schalotten), geschält und in dünne Ringe geschnitten

500 g Hähnchenlebern, von Sehnen und Adern befreit

1 EL Balsamico-, Sherry- oder Rotweinessig

60 g Haselnusskerne, geröstet, enthäutet und grob gehackt

Zu den großartigsten Salatklassikern gehört die Kombination von warmer Hähnchenleber und Baby-Blattspinat mit Croûtons und Senfvinaigrette. Dies ist auch die Inspiration zu diesem Gericht, und ich hatte viel Spaß beim Ausprobieren. Falls Sie sich eher nicht für Innereien begeistern können, betrachten Sie es einfach als eine Art warme Leberpastete!

[ZUBEREITUNG]

Den Backofen auf 190 °C vorheizen.

Den Fenchel mit dem Knoblauch, dem Salbei und dem Olivenöl in einen Bräter geben und vermischen. Etwa 30 Minuten im Ofen rösten, dabei mehrmals durchmischen, bis der Fenchel eine goldbraune Färbung annimmt. Wenn er fertig ist, die Quinoa untermischen und warm halten.

In einem Topf ein Drittel der Butter bei mittlerer Temperatur zerlassen, dann den Ingwer hineingeben. 30 Sekunden anschwitzen, dann sanft umrühren, damit er nicht am Topfboden ansetzt. Die Pilze, 2 TL Wasser und ½ TL Meersalzflocken unterrühren. Den Deckel auflegen und gelegentlich umrühren. Wenn die Pilze gar sind, den Deckel abnehmen, 100 g Crème fraîche unterrühren und nochmals 2 Minuten unter Rühren garen. Mit einem Stabmixer oder einem kleinen Multizerkleinerer zu einer glatten Masse pürieren, abschmecken und warm halten.

Die Estragonblättchen mit einer Prise Salz im Mörser zerstoßen. Die restliche Crème fraîche untermischen und beiseitestellen.

In einer Pfanne ein weiteres Drittel der Butter bei mittlerer Temperatur erhitzen und die Zwiebel darin anschwitzen, bis sie karamellisiert, dabei umrühren. Auf einen kleinen Teller geben. Die restliche Butter hineingeben und wenn sie zu brutzeln beginnt, die Hähnchenlebern hinzufügen. 1 Minute braten, dann wenden und von der anderen Seite 2 Minuten braten. In diesem Stadium besitzen die Lebern noch einen rosa Kern. Bevorzugen Sie sie vollständig durchgebraten, braten Sie sie etwas länger. Die Zwiebel zurück in die Pfanne geben, den Balsamico-Essig, die Haselnüsse, etwas Salz und frisch gemahlenen schwarzen Pfeffer hinzufügen.

Zum Servieren das Pilzpüree mit einem umgedrehten Löffel auf vier vorgewärmte Teller streichen. Die Fenchel-Quinoa-Mischung darauf anrichten. Die Lebern mit dem Bratensaft darüber verteilen, dann mit Klecksen von der Estragon-Crème-fraîche garnieren.

Doppelt gegarte süß-scharfe Wachtel mit frittiertem Ei und Mais

WARM SERVIEREN

ZUTATEN

1 Zimtstange à 5 cm

2 Sternanis

1 Schalotte, geschält und in Scheiben geschnitten

3 EL Sojasauce

85 g geriebener Palmzucker (oder Demerarazucker)

1 mittelscharfe rote oder grüne Chili, in Ringe geschnitten, inklusive Samen (nach Belieben mehr oder weniger verwenden)

2 Zehen Knoblauch, geschält und in Scheiben geschnitten

4 TL fein gehackter oder geriebener Ingwer

4 Wachteln, Rückgrat (oder Brustbein) und Rippen entfernt, aufgeklappt und flach ausgebreitet (*en crapaudine/»auf Krötenart«*)

1 Kolben Mais, Hüllblätter entfernt, halbiert (siehe Seite 136)

4 große Bio-Eier (bei Raumtemperatur)

150 g Seidentofu

1 kleines Bund Koriandergrün, in Streifen geschnitten

2 EL Limettensaft

¼ TL fein abgeriebene unbehandelte Limettenschale

2 TL Sesamöl

¼ TL Meersalzflocken plus etwas mehr zum Bestreuen

Pflanzenöl zum Frittieren

6 Frühlingszwiebeln, geputzt und in 5 cm lange Stücke geschnitten

1 Karotte, beide Enden abgeschnitten, geschält und in Streifen abgeschält

1 kleine Handvoll abgezupfte Blättchen glatte Petersilie

Dieser Salat funktioniert wirklich am besten mit entbeinten Wachteln – Sie können Ihren Metzger bitten, dies für Sie zu erledigen. Falls das nicht möglich ist, verwenden Sie ganze Wachteln mit Knochen; sie sind dann lediglich etwas schwieriger zu essen. Handelt es sich um kleine Wachteln, servieren Sie pro Person eineinhalb Wachteln. Gekochte Eier zu frittieren, mag Ihnen vielleicht seltsam vorkommen – wir servieren sie im The Providores jedoch schon viele Jahre als eigenwilligen, aber ganz köstlichen Snack: goldene Eier mit flüssigem Inneren! Das Tofudressing ähnelt von der Zubereitung her einer Mayonnaise, allerdings ist es deutlich leichter, und es schmeckt ebenfalls gut zu dampfgegarter Hähnchenbrust und Fisch oder über Schweinekoteletts vom Grill geträufelt.

[ZUBEREITUNG]

Zuerst die Wachteln in einem mittelgroßen Topf pochieren. Dafür die Zimtstange, den Sternanis, die Schalotte, die Sojasauce, den Palmzucker, die Chili, den Knoblauch und die Hälfte des Ingwers in den Topf geben. 700 ml Wasser zugießen und zum Kochen bringen, dann die Temperatur senken und 15 Minuten köcheln lassen. Erneut zum Kochen bringen, zwei Wachteln mit der Hautseite nach oben hineinlegen und 1 Minute kochen. Dann die Temperatur so weit senken, dass das Wasser nur noch kräftig köchelt, dann die Wachteln wenden und weitere 2 Minuten kochen. Mit einer Küchenzange herausheben und auf einen Teller legen, die anderen beiden Wachteln auf dieselbe Weise kochen. Abkühlen lassen, dann jede Wachtel in vier Teile schneiden, dabei die Keulen und Flügel vom Körper abtrennen, danach den Körper in zwei separate Brustfilets trennen. Auf Küchenpapier legen. Den Pochiersud aufbewahren.

Wenn die Wachteln fertig sind, den Pochiersud weiter kochen lassen, bis er um zwei Drittel eingekocht ist, dann in eine hitzefeste Schüssel abseihen und warm halten.

Einen mittelgroßen Topf zur Hälfte mit leicht gesalzenem Wasser füllen und zum Kochen bringen. Den Mais hineingeben und 2 Minuten garen, dann herausnehmen und in eine Schüssel mit Eiswasser legen. Nach 1 Minute zum Abtropfen in ein Sieb geben. Die Körner mit einem scharfen Messer vom Kolben schneiden.

Während das Wasser immer noch kocht, die Eier mit einem Sieblöffel behutsam ins Wasser absenken und 4 Minuten und 15 Sekunden kochen lassen. Ein mittelgroßes Ei ist zu diesem Zeitpunkt weich gekocht; größere Eier – oder wenn Sie flüssiges Eigelb nicht mögen – bis zu 1 Minute länger kochen. Aus dem kochenden Wasser nehmen und zum Abkühlen in Eiswasser legen. Nach 10 Minuten abgießen, dann vorsichtig pellen, damit das Eiweiß nicht beschädigt wird.

[REZEPT WIRD FORTGESETZT…]

[REZEPT WIRD FORTGESETZT...]

Bis zur Weiterverwendung in eine Schüssel mit Wasser legen. (Durch das Schweben im Wasser werden die Eier nicht zusammengedrückt.)

In einem kleinen Multizerkleinerer oder mit dem Stabmixer die restlichen 2 TL Ingwer mit dem Tofu, dem Koriandergrün, dem Limettensaft, der Limettenschale und dem Sesamöl zu einer glatten grünen Masse pürieren. ¼ TL Meersalzflocken hinzufügen.

In einen Wok oder einen Topf das Öl etwa 6 cm hoch (so viel, dass ein Ei vollständig untergetaucht werden kann) eingießen. Die Frühlingszwiebeln darin frittieren, bis sie zusammengefallen sind und gerade eben Farbe anzunehmen beginnen, dabei vorsichtig umrühren, dann auf Küchenpapier abtropfen lassen. Die Karottenstreifen knusprig frittieren, dabei ununterbrochen umrühren, damit sie nicht anbrennen, dann auf Küchenpapier abtropfen lassen. Sorgen Sie dafür, dass die Petersilienblättchen trocken sind, damit das Öl beim Zugeben der Blättchen nicht spritzt, dann knusprig frittieren, auch hier wieder vorsichtig umrühren, dann auf Küchenpapier abtropfen lassen. Alles mit wenig Meersalzflocken bestreuen.

Die Eier aus dem Wasser nehmen und mit Küchenpapier trocken tupfen, dann vorsichtig ins heiße Öl absenken und etwa 5 Minuten goldbraun frittieren. Die Eier während des Frittierens behutsam im Öl bewegen, damit sie ringsum gleichmäßig bräunen. Mit einem Sieblöffel herausheben und auf einen Teller legen – Küchenpapier sollte hier vermieden werden, da es möglicherweise an den Eiern kleben bleibt.

Die Wachteln lassen sich besser in zwei Portionen frittieren. Zuerst die Keulen zusammen frittieren, dann die Brustfilets. Die Keulen vorsichtig ins heiße Öl absenken und etwa 2 Minuten frittieren, bis sie sich goldbraun gefärbt haben und leicht knusprig geworden sind, währenddessen behutsam im Öl bewegen. Aus dem Öl nehmen und in die Schüssel mit dem reduzierten Pochiersud geben, vermischen und zum Marinieren beiseitestellen. Nun die Wachtelfilets frittieren. Wachtelbrustfilets werden am besten mit rosa Kern gegart, daher nur 90 Sekunden frittieren, auch wenn sie dicker sind, und ebenfalls beim Frittieren behutsam im Öl bewegen. Aus dem Öl nehmen, abtropfen lassen und mit den Keulen und der Marinade vermischen.

Zum Servieren die Frühlingszwiebeln, die Karotten und die Petersilie auf Tellern verteilen und mit den Maiskörnern bestreuen. Pro Portion zwei Keulen und zwei Brustfilets servieren. Auf jeden Teller ein Ei setzen – das Sie ganz oder aufgebrochen servieren können –, zum Schluss mit dem Dressing beträufeln.

Ente, Feigen, Walnüsse, Trauben, Sherryessig und *membrillo*

WARM SERVIEREN

ZUTATEN

2 Entenbrustfilets
(à 125–175 g)

125 g Membrillo (schnittfestes
spanisches Quittengelee),
in Stücke geschnitten

2 EL Sherryessig

1 Zehe Knoblauch, geschält
und zerdrückt

60 g Walnusskerne, geröstet

1 TL Olivenöl

4 Feigen, Stiel entfernt, längs
halbiert

1 kleine Handvoll Blattsalat
(ich habe Baby-Grünkohl und
Erbsensprossen verwendet)

100 g Trauben, halbiert

Genießen Sie diesen Salat im Herbst, wenn es sonnengereifte, aromatisch-süße Feigen und Trauben gibt. Ich habe wunderbare blaue Trauben verwendet, die wie Portwein schmecken, und kleine türkische Feigen voller Aroma und einfach spektakulär, wenn sie gegart werden. Bei membrillo *handelt es sich um ein festes Quittengelee, das auch als Quittenkäse oder Quittenbrot bekannt ist. (Natürlich können Sie es auch selbst herstellen, aber das wäre kein Rezept für dieses Buch.) Das dicke Püree, zu dem das* membrillo *hier verarbeitet wird, ergibt mehr, als Sie benötigen, ist aber nicht so leicht in kleineren Mengen herzustellen und außerdem 2 Wochen im Kühlschrank haltbar.*

[ZUBEREITUNG]

Die Haut der Entenbrüste rautenförmig einschneiden, dabei darauf achten, dass nur die Haut und nicht das darunterliegende Fleisch eingeschnitten wird. Von der hautlosen Seite die Sehnen entfernen. Die Hautseite mit Salz würzen, dann 30 Minuten abgedeckt bei Raumtemperatur ruhen lassen.

Das *membrillo* mit dem Sherryessig und dem Knoblauch in einen kleinen Multizerkleinerer geben, ein Viertel der Walnusskerne, ¼ TL Salz und etwas grob gemahlenen schwarzen Pfeffer aus der Mühle hinzufügen. Zu einem relativ glatten Püree verarbeiten, währenddessen einige Male die Seitenwände abschaben, sodass alle Zutaten gleichmäßig püriert werden. In ein Schraubverschlussglas oder eine Schüssel füllen.

Eine große Pfanne bei mittlerer Temperatur erhitzen. Die Haut der Entenbrüste mit dem Öl bestreichen, dann mit der Hautseite nach unten in die heiße Pfanne legen und anbraten, bis sie eine appetitliche goldbraune Färbung angenommen haben und das Fett ausgelassen ist. Dies dauert 10–12 Minuten. Falls sie anzubrennen drohen, die Temperatur senken. Das Fett bis auf 1 EL aus der Pfanne in eine hitzefeste Schüssel gießen — es kann anderweitig verwendet werden, z. B. für Bratkartoffeln oder Ähnliches. Die Entenbrustfilets vorsichtig wenden und von der anderen Seite nochmals 2–5 Minuten anbraten, je nach Dicke der Filets (am besten sind sie, wenn sie innen noch etwas rosa sind). Aus der Pfanne nehmen, auf einen vorgewärmten Teller legen und warm halten.

Die Feigen mit der Schnittseite nach unten im in der Pfanne zurückgelassenen Entenfett braten, bis sie karamellisiert sind. Umdrehen und nochmals 20 Sekunden braten.

Zum Servieren den Blattsalat auf vorgewärmten Tellern anrichten. Die Entenbrustfilets in 7 mm dicke Scheiben schneiden und darauflegen. Das Membrillopüree in Klecksen dazwischensetzen, dann die Feigen, die restlichen Walnüsse und die Trauben darüber verteilen. Mit einer kleinen Menge Bratensaft aus der Pfanne beträufeln — er mag zwar etwas fettig sein, ist aber dafür auch ganz köstlich!

Confit von der Entenkeule mit karamellisierten Zwiebeln, Mandeln, Steinpilzen, Cavolo nero und Blauschimmelkäse

WARM SERVIEREN

ZUTATEN

2 confierte Entenkeulen

1 rote Zwiebel, geschält und in dünne Ringe geschnitten

1 Zehe Knoblauch, geschält und in Scheiben geschnitten

2 TL Olivenöl

2 TL Balsamico-Essig

150 g Cavolo nero (italienischer Schwarzkohl), Stiele entfernt, schräg in 2 cm breite Streifen geschnitten

85 g Blauschimmelkäse (ich habe Dolcelatte verwendet)

30 g Butter

150 g Steinpilze, geputzt und in Scheiben geschnitten

8 Blättchen Salbei, in Streifen geschnitten

30 g Mandelkerne, geröstet und grob gehackt

Entenkeulen-Confit ist eine absolute Delikatesse. Es handelt sich dabei um nicht entbeinte Keulen, die erst ein oder zwei Tage eingesalzen und dann lange bei niedriger Temperatur in Entenfett gegart werden. Ersatzweise können Sie gebratene Hähnchenkeulen oder -brustfilets oder Entenbrustfilets servieren. Das Püree aus Cavolo nero (Schwarzkohl, auch als Palmkohl oder Toskanischer Kohl bezeichnet und alternativ durch Grünkohl oder Blattspinat zu ersetzen) und Blauschimmelkäse schmeckt ganz ausgezeichnet und ist der perfekte Partner für die aromatischen, fleischigen Steinpilze, wobei Sie auch andere Wildpilze, die gerade Saison haben, nehmen können.

[ZUBEREITUNG]

Den Backofen auf 180 °C erhitzen. Einen Bräter mit Backpapier auslegen.

Die Entenkeulen im Bräter für 6–8 Minuten in den Ofen stellen. Nun sollte es bereits möglich sein, die Oberschenkel- und Unterschenkelknochen aus der Keule zu entfernen. Die Keulen in jeweils drei oder vier Stücke schneiden, zurück in den Bräter legen und etwa 20 Minuten im Ofen knusprig braten.

Die Zwiebel und den Knoblauch bei mittlerer Temperatur mit ¼ TL Salz im Olivenöl karamellisieren lassen, dabei häufig umrühren. Dies dauert 8–10 Minuten. Den Balsamico-Essig hinzufügen und erhitzen, bis er verdampft ist, dann warm halten.

Den Cavolo nero 3–4 Minuten in gesalzenem Wasser kochen oder dampfgaren. In ein Sieb abgießen, dann mit der Hälfte des Blauschimmelkäses in einen kleinen Multizerkleinerer oder Mixer füllen. Unter Betätigung des Intervallschalters pürieren, falls nötig, etwas heißes Wasser zugeben, bis aus allen Zutaten ein Püree entstanden ist – ich mag es gern, wenn es noch etwas Struktur hat. Mit Salz und frisch gemahlenem schwarzem Pfeffer würzen und warm halten.

In einer Pfanne die Butter schmelzen und die Steinpilze mit dem Salbei darin anbraten, bis die Pilze auf beiden Seiten appetitlich gebräunt sind. Die Mandelkerne hinzufügen und miterwärmen, dann abschmecken.

Den restlichen Blauschimmelkäse in Stücke brechen. Zum Servieren das Cavolo-nero-Püree auf vorgewärmte Teller streichen. Die Entenstücke und die karamellisierte Zwiebel darauf anrichten, dann die Steinpilze darüber verteilen und mit den Käsestücken bestreuen.

Dampfgegartes Perlhuhn mit geröstetem Gewürzkürbis und Honig-Pecannüssen

WARM ODER BEI RAUMTEMPERATUR SERVIEREN

ZUTATEN

4 Perlhuhnbrustfilets mit oder ohne Haut

1 EL gehackte mediterrane Kräuter (wie Thymian, Rosmarin, Salbei, Oregano)

2 EL Olivenöl

100 g Pecannusskerne

2 EL Honig

600 g Kürbisfruchtfleisch, in dicke Scheiben geschnitten

1 TL Fenchelsamen

1 TL Schwarzkümmelsamen

½ TL Chiliflocken

½ TL chinesisches Fünf-Gewürze-Pulver

1 große Handvoll Brunnenkresse, verlesen

100 g Milch-Aioli ohne Ei (siehe Seite 266)

Ein wirklich gutes Gericht für den Herbst, wenn der Kürbis am besten schmeckt. Das mild-süßliche Aroma der Pecannüsse wird durch das Kandieren mit dem Honig sogar noch feiner. Sie können als Alternative auch Ahornsirup oder Agavendicksaft verwenden. Die Milch-Aioli ohne Ei auf Seite 266, die mit schwarzem Knoblauch zubereitet wird, schmeckt hervorragend zu diesem Salat, Sie können ihn aber auch mit einfacher Aioli oder sogar mit dem Honig-Senf-Dressing auf Seite 256 servieren.

[ZUBEREITUNG]

Den Backofen auf 160 °C vorheizen. Ein kleines Backblech mit Backpapier auslegen.

Die Perlhuhnbrüste ringsum mit den Kräutern bestreuen und mit wenig Salz und frisch gemahlenem schwarzem Pfeffer würzen. Abdecken und 30 Minuten an einem kühlen Ort ruhen lassen. Direkt vor dem Dampfgaren ringsum mit 1 TL Öl bestreichen.

Die Pecannüsse mit dem Honig in einen kleinen Topf geben und zum Kochen bringen. So lange weiter erhitzen, bis der Honig zu karamellisieren beginnt, dann auf das vorbereitete Backblech geben. Im Ofen 15–18 Minuten goldbraun backen, dabei nicht aus den Augen lassen. Aus dem Ofen nehmen, dann die Backofentemperatur auf 180 °C erhöhen.

In einem Bräter den Kürbis mit den Fenchelsamen, den Schwarzkümmelsamen, den Chiliflocken, dem Fünf-Gewürze-Pulver, einer Prise Salz und dem restlichen Öl vermischen. Etwa 20 Minuten im Ofen rösten, bis der Kürbis gar und goldbraun gefärbt ist, währenddessen einmal wenden.

Einen Dampfgarer einschalten, die Perlhuhnbrüste so hineinlegen, dass sie nicht überlappen. Dampfgaren, bis sie gar sind, was etwa 7 Minuten dauert. (Zum Prüfen an der dicksten Stelle eine kleine Scheibe abschneiden – das Fleisch sollte fast durchgegart sein.) Den Dampfgarer ausschalten und das Fleisch noch 1 Minute ruhen lassen, bevor es herausgenommen wird.

Zum Servieren den gerösteten Kürbis und die Brunnenkresse auf vorgewärmte Teller verteilen. Die Perlhuhnbrustfilets in je vier Scheiben schneiden und darauf anrichten. Mit den Pecannüssen bestreuen. Mit der Aioli servieren.

Salate mit Fleisch

KAPITEL 7

Kurz gebratenes Rumpsteak mit Schwarzwurzeln, Pfifferlingen und Edamame

WARM SERVIEREN

ZUTATEN

600 g Rinderrumpsteak

2 EL Olivenöl

3 EL Branntweinessig

400 g Schwarzwurzeln

30 g Butter

2 Zehen Knoblauch, geschält und in dünne Scheiben geschnitten

1 EL fein gehackter oder geriebener Ingwer

1 TL frische Thymianblättchen

1 EL Zitronensaft

1 große Schalotte, geschält und in Würfel geschnitten

200 g Pfifferlinge, geputzt

150 g gepalte Edamame (unreif geerntete grüne Sojabohnen; oder Dicke Bohnen oder Erbsen)

150 g Baby-Blattspinat

Meersalzflocken zum Bestreuen

Nach dem Waschen hat die Schwarzwurzel eine sehr dunkle, fast schwarze Schale (siehe Seite 1), nach dem Schälen verfärbt sich das helle Innere schnell, daher sollte es mit Zitronensaft eingerieben oder in gesäuertes Wasser gelegt werden, oder Sie waschen Erdreste ab, kochen die Schwarzwurzeln und schälen sie erst danach. Rumpsteak vom Rind besitzt eine ausgezeichnete Konsistenz und schmeckt hervorragend, Sie können jedoch jedes beliebige Rinder-, Lamm- oder Schweinesteak hier verwenden. Nehmen Sie die Pilze, die gerade Saison haben.

[ZUBEREITUNG]

Das Rindfleisch beidseitig mit Salz und frisch gemahlenem schwarzem Pfeffer würzen und mit 1 EL Öl bestreichen. Abdecken und bei Raumtemperatur ruhen lassen.

In einem mittelgroßen Topf gesalzenes Wasser zum Kochen bringen, den Essig zufügen und den Herd ausschalten. Die Schwarzwurzeln gründlich waschen, beide Seiten abschneiden, dann mithilfe eines Sparschälers die Haut abschälen und die Wurzeln in 10 cm lange Stücke schneiden. Die Schwarzwurzeln nach dem Schälen unverzüglich ins Wasser legen. Sobald alle vorbereitet sind, das Wasser so weit erhitzen, dass es sanft köchelt, und die Schwarzwurzeln kochen, bis sich ein scharfes Messer durchstechen lässt, was 8–10 Minuten dauert, dann abgießen.

In einem mittelgroßen Topf die Butter bei mittlerer Temperatur erhitzen und den Knoblauch und den Ingwer unter Rühren darin anschwitzen, bis sie zu karamellisieren beginnen. Die Schwarzwurzeln, den Thymian, Salz und frisch gemahlenen schwarzen Pfeffer hinzufügen und bei geschlossenem Deckel garen, bis sie ringsum appetitlich goldbraun gefärbt sind, dabei häufig umrühren, damit sie nicht am Topfboden ansetzen. Den Zitronensaft unterrühren und warm halten.

Inzwischen eine breite Pfanne erhitzen und im restlichen 1 EL Olivenöl die Schalotte anschwitzen, bis sie glasig geworden ist und gerade eben Farbe anzunehmen beginnt. Die Pfifferlinge zugeben, mit Salz und frisch gemahlenem schwarzem Pfeffer würzen und bei mittlerer Temperatur garen, bis die Pilze etwas an Volumen verloren haben und jegliche Flüssigkeit in der Pfanne eingekocht ist. Die Edamame unterrühren und warm halten.

Eine Pfanne oder gerillte Grillpfanne bei hoher Temperatur erhitzen. Das Steak 3 Minuten anbraten, dann wenden und bis zum gewünschten Gargrad fertig braten. (Falls Sie es – wie ich – *rare*/blutig bevorzugen, muss es von der anderen Seite nur noch 90 Sekunden gebraten werden.) 8 Minuten an einem warmen Ort ruhen lassen, dann in 1 cm dicke Scheiben schneiden.

Falls Sie das Steak in einer normalen Pfanne gebraten haben, den Blattspinat hineingeben und kurz im Bratensaft erhitzen, bis er zusammengefallen ist. Haben Sie das
Steak in einer gerillten Grillpfanne oder auf dem Grill gebraten, den Spinat kurz in
wenig Öl oder Butter sautieren und würzen.

Zum Servieren den Blattspinat auf vorgewärmten Tellern verteilen. Erst die Schwarzwurzeln, dann die Steakscheiben darauf anrichten. Mit den Pilzen, den Edamame und
Meersalzflocken bestreuen.

Mit Miso und Kakao mariniertes Rindfleisch mit Bohnen, Sobanudeln und Avocado

WARM ODER BEI RAUMTEMPERATUR SERVIEREN

ZUTATEN

800 g Nierenzapfen vom Rind (auch bekannt als Hanging Tender, Kronfleisch oder Onglet), etwa 650–700 g nach dem Parieren

100 g getrocknete Sobanudeln

2 TL Sesamöl (oder Sonnenblumenöl oder ein anderes neutrales Öl)

1 große Avocado

1 EL Sahnemeerrettich oder Senf

1 EL Limettensaft

150 g Bohnen, geputzt, blanchiert und abgeschreckt (ich habe eine Mischung aus grünen und gelben Bohnen verwendet)

2 TL Sesamsamen, geröstet

2 TL fein geschnittener Schnittlauch

MISOMARINADE

100 g helle Misopaste (ich habe *shiro miso*, weiße Misopaste, verwendet)

3½ EL Sake (japanischer Reiswein; oder trockener Sherry, helles Bier oder Apfelsaft)

85 ml Mirin (süßer japanischer Reiswein)

3½ EL extrafeiner Zucker

2 EL Kakao-Nibs, grob zerstoßen

2 TL fein gehackter oder geriebener Ingwer

Bei Nierenzapfen handelt es sich um einen dieser köstlichen Fleischabschnitte, von denen jahrelang kaum jemand etwas gehört hat und plötzlich tauchen sie auf allen Speisekarten auf. Ein wirklich köstliches Fleischstück, das jedoch nur dann zart gelingt, wenn es rare *serviert wird. Falls Sie Ihr Fleisch* well-done *(vollständig durchgebraten) bevorzugen, verwenden Sie besser Rumpsteak oder Filet. Idealerweise sollte das Rindfleisch zwischen 24 und 48 Stunden marinieren. Bei der Misomarinade handelt es sich um eine japanische Kreation namens* den miso, *die traditionell keinen Kakao enthält. Diese Variante basiert auf einer Speisenauswahl, die ich im Restaurant* The Providores *zusammen mit dem britischen Schokoladenkünstler Paul A. Young geschaffen habe. Als Kakao-Nibs (rohe Kakaostückchen) werden die Samen oder Bohnen der Kakaokapselfrucht bezeichnet, die erst fermentiert und getrocknet und dann üblicherweise (jedoch nicht immer) geröstet werden. Falls sie noch nicht geröstet sein sollten, auf einem Backblech verteilen und 15 Minuten bei 160 °C im Ofen rösten, dann abkühlen lassen. Sie können Sobanudeln mit 100 % Buchweizenanteil verwenden, ich mag Sobanudeln aus einer Mischung aus Buchweizen- und Weizenmehl jedoch lieber, da sie geschmeidiger sind. Wenn Sie möchten, können Sie sie auch durch eine beliebige andere Pastasorte ersetzen.*

[ZUBEREITUNG]

Zuerst die Misomarinade zubereiten. Dazu in einem kleinen Topf mit schwerem Boden die Misopaste mit dem Sake, dem Mirin und dem Zucker zu einer dickflüssigen Paste verrühren oder mit einem Schneebesen aufschlagen. Bei niedriger Temperatur erhitzen, bis sie sanft köchelt, dabei ununterbrochen rühren. Auf mittlere Temperatur einstellen und 4 Minuten einkochen lassen, bis die Paste die Konsistenz einer Tomatensauce angenommen hat. 1 EL Kakao-Nibs und den Ingwer unterrühren, nochmals 20 Sekunden erhitzen, dann vom Herd nehmen, in eine Schüssel füllen und abkühlen lassen.

Sobald die Marinade vollständig abgekühlt ist, das Rindfleisch hineingeben. Das Fleisch gleichmäßig mit der Marinade einreiben, dann luftdicht abdecken und in den Kühlschrank stellen.

Das Fleisch etwa alle 12 Stunden wenden. 90 Minuten vor der geplanten Zubereitung aus dem Kühlschrank nehmen, damit es innen nicht mehr kalt ist.

[REZEPT WIRD FORTGESETZT...]

[REZEPT WIRD FORTGESETZT...]

Die Sobanudeln in einen zur Hälfte mit leicht gesalzenem kochendem Wasser gefüllten großen Topf geben. Erneut zum Kochen bringen, dann 200 ml kaltes Wasser einrühren. Denselben Vorgang noch einmal wiederholen, sobald das Wasser erneut kocht, dann auf mittlere Temperatur einstellen und die Nudeln *al dente* kochen. In ein Sieb abgießen und so lange unter fließendem kaltem Wasser abspülen, bis sie vollständig abgekühlt sind. In eine große Schüssel füllen, mit ½ TL Sesamöl vermischen und bei Raumtemperatur ruhen lassen.

Von der Avocado das Fruchtfleisch auslösen und mit dem Sahnemeerrettich und dem Limettensaft zerdrücken. Mit Salz und frisch gemahlenem schwarzem Pfeffer abschmecken, mit Frischhaltefolie abdecken und bei Raumtemperatur ziehen lassen.

Eine Grillpfanne oder eine Pfanne mit schwerem Boden bei mittlerer bis hoher Temperatur erhitzen. Vom Rindfleisch die überschüssige Marinade grob abwischen, dabei etwa 10 % am Fleisch belassen. Mit dem restlichen Sesamöl bestreichen. In die Pfanne geben und 3 Minuten anbraten. Dabei wird sich das Fleisch an manchen Stellen dunkel verfärben, da der Zucker in der Marinade karamellisiert und dunkel wird, das Fleisch soll jedoch nicht verbrennen (bei Bedarf früher wenden). Dann 2 Minuten auf der anderen Seite anbraten. Das Rindfleisch aus der Pfanne nehmen und etwa 5 Minuten an einem warmen Ort ruhen lassen. (Falls der Nierenzapfen so vorbereitet wurde, dass er flach ausgebreitet angebraten wird, benötigt er deutlich weniger Zeit zum Garen und sollte dann nicht aus den Augen gelassen werden.)

Zum Servieren die Sobanudeln mit den Bohnen mischen und auf vier Teller verteilen. Die Avocadomischung in Klecksen daraufgeben. Das Fleisch quer zur Faser in Scheiben schneiden und darauf anrichten. Mit den Sesamsamen, dem Schnittlauch und den restlichen Kakaostückchen bestreuen.

Carpaccio vom Rind, gebratene grüne Tomaten, Paprika, knuspriger Ingwer, Szechuanpfefferöl und knuspriger Knoblauch

BEI RAUMTEMPERATUR SERVIEREN

ZUTATEN

300 g Filetsteak vom Rind, von jeglichem Fett und Sehnen befreit

1 rote Paprika

1 gelbe Paprika

2 EL Olivenöl

Pflanzenöl zum Frittieren

1 Stück Ingwer (5 cm lang), geschält und in streichholzdünne Stäbchen geschnitten

6 Zehen Knoblauch, geschält und in dünne Scheiben geschnitten

1 mittelscharfe rote Chili

4 Körner Szechuanpfeffer, zerstoßen

2 grüne Tomaten, in dünne Scheiben geschnitten

Meersalzflocken zum Bestreuen

1 EL in dünne Ringe geschnittener Schnittlauch

Bei Rindercarpaccio handelt es sich um ein Gericht aus Venedig, das zu Ehren des venezianischen Malers Vittore Carpaccio so benannt wurde, da die Farbe Rot – und insbesondere ein kräftiges Blutrot – in seinen Gemälden eine große Rolle spielt. Hier serviere ich das Gericht in einer eher unvenezianischen Version – mit Szechuanpfeffer aus China und knusprigem Ingwer. Da das Gericht recht reichhaltig ist, schlage ich vor, es lieber als Vorspeise zu servieren und nicht als Hauptgericht. Grüne (unreife) Tomaten besitzen eine feine Säure, die beim scharfen Anbraten eine zusätzliche rauchige Note erhalten, was hervorragend mit den anderen Zutaten harmoniert. Sie können die Paprika zum Häuten auf dem Grill rösten oder wie unten beschrieben unter dem Backofengrill.

[ZUBEREITUNG]

Das Rindfleisch lässt sich in leicht gefrorenem Zustand am einfachsten dünn aufschneiden, daher dieses fest in Frischhaltefolie einwickeln und 40 Minuten in den Tiefkühler legen, damit es besser in Form bleibt.

Die Paprika vorbereiten. Dazu den Backofengrill auf höchster Stufe vorheizen und den zugehörigen Gitterrost 8–10 cm unterhalb der Grillschlange einschieben. Die Paprika – je nach Größe und Form – längs halbieren oder vierteln. Samen, Scheidewände und Stiele entfernen und mit der Hautseite nach oben mit der Hand flach drücken. In eine flache ofenfeste Form legen, die Haut mit 1 TL Olivenöl bestreichen. Dann grillen, bis die Haut Blasen wirft und schwarz wird, was 3–6 Minuten dauert. Die Paprika in eine Schüssel legen, mit Frischhaltefolie abdecken und abkühlen lassen (oder in einen Bratschlauch geben und diesen durch Falten verschließen). Nach dem Abkühlen die Haut abziehen und das Fruchtfleisch in Streifen schneiden.

Das Pflanzenöl 3 cm hoch in einen kleinen Topf gießen und auf 160 °C erhitzen. Den Ingwer darin frittieren, bis er sich einrollt, dunkel färbt und knusprig wird. Mit einem Sieblöffel herausheben und auf Küchenpapier abtropfen lassen.

Den Knoblauch auf dieselbe Weise frittieren, dabei unbedingt darauf achten, dass er nicht verbrennt, da er sonst bitter schmeckt.

Die Chili zur Hälfte in Ringe schneiden und auf dieselbe Weise frittieren.

[REZEPT WIRD FORTGESETZT...]

[REZEPT WIRD FORTGESETZT...]

Von der anderen Hälfte den Stiel entfernen und das Fruchtfleisch mit den Samen fein hacken. Mit dem Szechuanpfeffer in einen kleinen Topf geben.

Das restliche Olivenöl hinzufügen und bei mittlerer Temperatur 1 Minute anschwitzen, bis die Chiliringe brutzeln. Vom Herd nehmen und zum Abkühlen in eine hitzefeste Schüssel geben.

Eine Pfanne erhitzen, dann die Tomatenscheiben darin ohne Ölzugabe scharf anbraten, bis sie von beiden Seiten schwarze Stellen aufweisen. Aus der Pfanne nehmen und auf einen Teller legen.

Das Rindfleisch aufschneiden. Das gelingt leichter, wenn es noch in der Frischhaltefolie verpackt ist, die nach dem Aufschneiden entfernt werden kann. Das Fleisch mit einem sehr scharfen Messer so dünn wie möglich aufschneiden, die Scheiben auf ein Tablett legen. Sollten die Scheiben zu dick geraten sein, können sie zwischen doppelten Lagen Frischhaltefolie oder Backpapier behutsam flach geklopft werden.

Zum Servieren abwechselnd Fleischscheiben und grüne Tomaten auf Tellern anrichten. Mit einer kleinen Menge Meersalzflocken bestreuen. Die Paprikastreifen kreuz und quer darauf verteilen und alles mit dem Chiliöl beträufeln. Mit dem knusprigen Ingwer, den Chiliringen, dem Knoblauch und dem Schnittlauch bestreuen.

Pochiertes Kalbfleisch
mit Sardellen-Aioli und Kartoffeln

LEICHT GEKÜHLT ODER BEI RAUMTEMPERATUR SERVIEREN

ZUTATEN

800 g Oberschale vom Kalb, sorgfältig pariert

2 l Kalbsfond (oder Hühnerfond oder leichter Rinderfond)

1 EL Fischsauce

2 Lorbeerblätter

1 Zweig Rosmarin (10 cm lang)

5 Zweige Thymian

1 EL Oreganoblättchen

800 g kleine festkochende Kartoffeln

1 kleine Handvoll abgezupfte Blättchen glatte Petersilie, in grobe Streifen geschnitten

2 Frühlingszwiebeln, in dünne Ringe geschnitten

2 Handvoll Rucola

1 große saftige Zitrone, in Spalten geschnitten

SARDELLEN-AIOLI

4 eingesalzene Sardellenfilets, behutsam unter kaltem Wasser abgewaschen, um Salzkristalle und Gräten zu entfernen (oder 6 Sardellenfilets in Öl)

1 Ei

1 Zehe Knoblauch, geschält (ich habe geräucherten Knoblauch verwendet)

1 EL englischer Senf

1 EL heller Essig (Apfel-, Weißwein- oder Reisessig)

250 ml Olivenöl

Dieser Salat basiert auf dem Klassiker Vitello tonnato. *Ich habe das Original aus dem Piemont etwas abgeändert und serviere den Kalbsbraten mit Sardellen-Aioli und Kartoffelsalat. Verwenden Sie bereits rosa gefärbtes Kalbfleisch, was bedeutet, dass die jungen männlichen Kälber ein zwar kurzes, aber anständiges Leben führen durften. Ich habe Kalbfleisch aus der Oberschale genommen, Sie können aber genauso gut Lende oder Filet verwenden. Wenn Sie bei der Zubereitung der Aioli ein ganzes Ei verwenden, sorgt dies dafür, dass die Aioli nicht gerinnt.*

[ZUBEREITUNG]

Den Kalbsbraten relativ fest mit Küchengarn verschnüren oder den Metzger darum bitten. (Dies hält den Braten beim Pochieren zusammen und gewährleistet ein gleichmäßiges Garen.) Ringsum mit wenig Salz würzen. Einen Topf bereitstellen, der den Braten problemlos aufnimmt.

Den Fond mit der Fischsauce, den Lorbeerblättern, dem Rosmarin, dem Thymian und dem Oregano in den Topf geben und zum Kochen bringen. Den Braten vorsichtig in den köchelnden Fond absenken. Er muss vollständig davon bedeckt sein – ist dies nicht der Fall, entsprechend mit kochendem Wasser auffüllen. Den Fond erneut zum Kochen bringen, dann die Temperatur senken und 5 Minuten köcheln lassen. Den Braten wenden, den Herd ausschalten und den Deckel auflegen. Soll der Kalbsbraten *medium-rare* (zwischen rosa und blutig) serviert werden, 10–15 Minuten im Fond ziehen lassen, je nach Umfang. Aus dem Fond nehmen, den Fond aufbewahren, und auf einem Teller abkühlen lassen, dann bis zu 48 Stunden abgedeckt im Kühlschrank ruhen lassen. Unmittelbar vor dem Servieren aus dem Kühlschrank nehmen und das Küchengarn entfernen.

Die Kartoffeln in den Fond legen, erneut zum Kochen bringen und gar kochen. 10 Minuten abkühlen lassen, dann abgießen.

Inzwischen die Sardellen-Aioli zubereiten. In einem kleinen Multizerkleinerer die Sardellen mit dem Ei, dem Knoblauch, dem Senf, dem Essig und ¼ TL Salz unter Betätigung des Intervallschalters zu einer Paste pürieren. Bei laufendem Motor langsam das Öl zufügen, bis sich alles miteinander verbunden hat. Bei Bedarf nachwürzen und mit etwas mehr Essig abschmecken. Die Kartoffeln in 1 cm dicke Scheiben schneiden und mit der Petersilie, den Frühlingszwiebeln und einem Drittel der Aioli vermischen.

Zum Servieren den Kalbsbraten in dünne Scheiben schneiden und auf gekühlten Tellern anrichten. Mit dem Rucola bestreuen und den Kartoffelsalat darauf verteilen. Mit mehr Aioli beträufeln und mit reichlich schwarzem Pfeffer übermahlen. Mit den Zitronenspalten servieren.

Lammlende, knuspriger Grünkohl, Aubergine, Shiitake, Minze, Naturjoghurt und Sumach

WARM SERVIEREN

*In diesem Salat werden nahöstliche und japanische Elemente mitein-
ander kombiniert. Ich habe hier Lende verwendet – Lammnacken,
Lammkotelett und sogar nach der Pulled-Pork-Methode auseinander-
gezupfte Lammschulter eignen sich hier ebenfalls gut.*

ZUTATEN

700 g Lammlende, Sehnen
und Fett (nicht komplett)
entfernt (bei Raumtemperatur)

Pflanzenöl zum Frittieren des
Grünkohls

150 g Grünkohl, Stiele
entfernt, gewaschen und
trocken getupft

3 EL Olivenöl

1 große Aubergine, Stiel
entfernt, längs in 5 mm dicke
Scheiben gehobelt

1 TL Fenchelsamen

1 TL grob gehackte Rosmarinnadeln

150 g Shiitakepilze, Stiele
entfernt

1 TL Sojasauce

1 EL natives Olivenöl extra

20 Blättchen Minze, größere
in Streifen geschnitten,
kleinere im Ganzen verwendet

1 TL Sumach

150 g Naturjoghurt »griechische Art«

[ZUBEREITUNG]

Den Backofen auf 160 °C vorheizen. Ein oder zwei Backbleche mit Küchenpapier
auslegen. Das Lammfleisch mit Salz und frisch gemahlenem schwarzem Pfeffer würzen.

Einen Topf mit hohem Rand 4 cm hoch mit Pflanzenöl füllen und auf 170 °C erhitzen.
Ein paar Grünkohlblätter hineingeben (immer nur wenige auf einmal) und knusprig
frittieren – bevor sie jedoch braun werden, mit einer Küchenzange oder einem Sieblöffel herausheben auf Küchenpapier abtropfen lassen. Den Grünkohl in einer Lage
auf das (bzw. die) vorbereitete(n) Blech(e) legen und etwa 10 Minuten im Ofen trocknen. Sobald er ganz knusprig geworden ist, aus dem Ofen nehmen und abkühlen
lassen. Die Ofentemperatur auf 180 °C erhöhen.

Eine Pfanne mit schwerem Boden erhitzen. Das Lammfleisch mit 2 TL Olivenöl einpinseln, dann von allen Seiten scharf anbraten, bis es gut gebräunt ist. In einen Bräter
legen und im Ofen je nach gewünschtem Gargrad fertig garen: Aus dem Ofen nehmen und mindestens 10 Minuten an einem warmen Ort ruhen lassen.

Inzwischen die Aubergine zubereiten. Dazu die Auberginenscheiben beidseitig mit
2 EL Olivenöl bestreichen. Eine Grillpfanne oder eine Pfanne mit schwerem Boden
bei mittlerer bis hoher Temperatur erhitzen, dann die Aubergine – immer nur wenige
Scheiben auf einmal – etwa 2 Minuten pro Seite darin anbraten, bis sie gar sind. Auf
einen Teller stapeln und warm halten.

In einem mittelgroßen Topf das restliche Olivenöl mit den Fenchelsamen und dem
Rosmarin bei mittlerer Temperatur erhitzen, bis sie sich goldbraun färben. Die Shiitakepilze, die Sojasauce und 1 EL Wasser unterrühren und den Deckel auflegen. Bei niedriger Temperatur garen, bis die Pilze etwas an Volumen verloren haben und durchgegart sind, dabei zweimal umrühren. Den Herd ausschalten und warm halten.

In einer kleinen Schüssel das native Olivenöl, die Hälfte der zerkleinerten Minze und
die Hälfte des Sumach mit dem Naturjoghurt verrühren. Zum Servieren die Auberginenscheiben auf vorgewärmte Teller legen. Die Lammlende quer zur Faser in Scheiben schneiden und darauf anrichten. Zuerst die Shiitakepilze und den Grünkohl, dann
den Würzjoghurt in Klecksen darüber verteilen. Mit den restlichen Minzeblättchen und
dem restlichen Sumach bestreuen.

Lammnacken, gebackenes Pitabrot, Feigen, Feta, Tomate, Gurke, Minze und Kalamata-Oliven

WARM SERVIEREN

ZUTATEN

900 g Lammnacken, überschüssiges Fett und Sehnen entfernt

4 EL natives Olivenöl extra

3 oder 4 Pitabrote, je nach Größe, in Stücke gerissen

2 EL Rotweinessig

150 g Kalamata-Oliven

4 Tomaten

2 kleine Salatgurken, geschält und in Scheiben geschnitten

30 Blättchen Minze, zerzupft

200 g Feta (idealerweise aus 100 % Schafsmilch), grob zerkrümelt

½ TL getrockneter Oregano

6 Feigen

1 saftige Zitrone, in sechs Spalten geschnitten

Dieser Salat gehörte zu den beliebtesten Gerichten des ganzen Fotoshootings – er hat derart verführerisch geduftet, dass er den Vormittag nicht überlebt hat! Ich habe Lammnacken dafür gewählt – eins meiner Lieblingsstücke –, Sie können stattdessen jedoch auch Lammlende, Lammsteak oder auch Reste einer Lammkeule verwenden. Schwarze Oliven eignen sich in diesem Fall besser als grüne.

[ZUBEREITUNG]

Den Backofen auf 170 °C vorheizen. Einen Bräter bei mittlerer Temperatur auf den Herd stellen oder, falls Sie zum Braten eine Keramik- oder Glasform verwenden, eine Pfanne auf den Herd stellen.

Das Lammfleisch mit Salz und frisch gemahlenem schwarzem Pfeffer würzen und mit 1 TL Öl bestreichen. In den erhitzten Bräter oder die Pfanne legen und ringsum kräftig anbraten. Das Lammfleisch herausnehmen und das Pitabrot darin wenden, sodass es von Fett überzogen ist. Das Lammfleisch auf das Pitabrot in den Bräter setzen und im Ofen garen. Da Lammnacken etwas mehr Fett enthalten kann, funktioniert es am besten, ihn *medium* (rosa) zu garen. Um diesen Gargrad zu erreichen, benötigt Lammnacken etwa 10 Minuten. Das Lammfleisch herausnehmen, in eine andere Form legen und 10 Minuten an einem warmen Ort ruhen lassen, dann in Scheiben schneiden und auf einen Teller legen, den ausgetretenen Fleischsaft auffangen und beiseitestellen.

Das Pitabrot mit dem Essig beträufeln, dann die Oliven und die Hälfte des restlichen Olivenöls hinzufügen und vermischen. Im Ofen backen, bis das Brot knusprig geworden ist, was 8–10 Minuten dauert, danach aus dem Ofen nehmen.

Während das Brot im Ofen backt, die Tomaten quer halbieren, dann die Samen vorsichtig herausdrücken und wegwerfen. Das Fruchtfleisch in Stücke schneiden und mit der Salatgurke, der Minze, dem Feta, dem Oregano und dem restlichen Olivenöl vermischen.

Von den Feigen die Stiele entfernen und, falls gewünscht, die Schale abziehen, dann in dicke Scheiben schneiden und zum Tomatensalat geben. Alles vermischen und mit wenig Salz abschmecken (der Feta ist bereits salzig) und mit ¼ TL grobem schwarzem Pfeffer übermahlen.

Zum Servieren den Tomatensalat auf dem knusprigen Pitabrot anrichten. Das Lammfleisch darauf verteilen und mit dem aufbewahrten Bratensaft beträufeln. Mit den Zitronenspalten servieren.

Lammrippchen mit Kardamom, Mango-Cashew-Reis und roten Zwiebeln

WARM SERVIEREN

ZUTATEN

2 kg Lammrippchen

2 rote Zwiebeln, geschält und halbiert

1 Karotte, geschält und in dicke Scheiben geschnitten

12 grüne Kardamomkapseln, im Mörser zerstoßen

1 Zimtstange

¼ TL grob gemahlener schwarzer Pfeffer

½ Vanilleschote, längs aufgeschnitten

85 ml Essig (beliebige Sorte)

4 EL Agavendicksaft (oder Honig oder Ahornsirup)

400 g roter Camargue-Reis

1 TL Kreuzkümmelsamen, geröstet

1 Mango, geschält, das Fruchtfleisch ausgelöst und gewürfelt

2 Frühlingszwiebeln, in dünne Ringe geschnitten

100 g Cashewkerne, geröstet und grob gehackt

½ grüne Chili, gehackt

4 EL Zitronensaft

½ TL fein abgeriebene unbehandelte Zitronenschale

Lammrippchen mögen nicht ganz so bekannt wie Rippchen vom Schwein oder Rind sein, sie sind jedoch absolut köstlich. Zwar ein wenig fettig, was sich jedoch durch Vorkochen bzw. langes Simmern etwas eindämmen lässt. Bei diesem Salat handelt es sich um eine bodenständige Mahlzeit für Familie und Freunde, ganz ohne Schnickschnack.

[ZUBEREITUNG]

Die Rippchen in geeignete Portionen schneiden und in den größten Topf legen, der zur Verfügung steht. Eine der Zwiebeln in dicke Scheiben schneiden und mit der Karotte, 10 Kardamomkapseln, der Zimtstange, dem schwarzen Pfeffer, der Vanilleschote, dem Essig und 2 TL Salz hinzufügen. Mit kaltem Wasser bedecken und langsam zum Kochen bringen. Mit einem passgenau zugeschnittenen Stück Backpapier belegen, einen dicht schließenden Deckel auflegen und 2 Stunden köcheln lassen.

Die Rippchen im Garsud abkühlen lassen, dann in Portionen von je zwei oder drei Rippchen schneiden. 200 ml des Garsuds und alle festen Bestandteile mit den restlichen 2 Kardamomkapseln und dem Agavendicksaft in einen Topf geben. Zum Kochen bringen und um die Hälfte einkochen lassen.

Den Backofen auf 180 °C vorheizen. Einen flachen Bräter mit Backpapier auslegen.

Den Reis kochen. Dazu den Reis in einem Sieb abspülen und mit dem Kreuzkümmel, ½ TL Salz und 800 ml Wasser in einen mittelgroßen Topf geben. Zum Kochen bringen, den Deckel auflegen und 18 Minuten sanft köcheln lassen. Den Herd ausschalten und den Reis im Topf abkühlen lassen. Nach dem Abkühlen in eine große Schüssel umfüllen und mit der Mango, den Frühlingszwiebeln und der Hälfte der Cashewkerne vermischen.

Die übrige Zwiebel in dünne Ringe schneiden und mit der Chili, dem Zitronensaft, der Zitronenschale und ¼ TL Salz mischen.

Die Rippchen in den vorbereiteten Bräter legen und mit dem reduzierten Garsud übergießen. Die Rippchen rösten, bis sie sich goldbraun gefärbt haben und sich an der Oberfläche Bläschen bilden. Je länger sie geröstet werden, desto süßlich-klebriger werden sie.

Zum Servieren den Reissalat hügelförmig auf Tellern anrichten. Die Lammrippchen portionsweise daraufsetzen, dann mit der Zwiebelmischung und den restlichen Cashewkernen bestreuen.

Lammnierchen, geröstete Süßkartoffel, Orange und Trockenpflaumen mit Räucherpaprika-Mayonnaise

WARM SERVIEREN

ZUTATEN

2 Süßkartoffeln mit orange-farbenem Fruchtfleisch (800–900 g), ungeschält

1 EL Olivenöl

6 Trockenpflaumen (etwa 125 g), entsteint und geviertelt

1 Orange, filetiert und jedes Filet in drei Teile geschnitten

1½ TL geräuchertes Paprika-pulver (Pimentón de la Vera) – falls zur Hand eher mild (*dulce*) als scharf (*picante*)

140 g Mayonnaise oder Milch-Aioli ohne Ei (siehe Seite 264 bzw. 266)

3 EL Weizenmehl

1 TL gehackte Rosmarinnadeln

12 Lammnieren (etwa 900 g), gesäubert und halbiert

50 g Butter

6 Frühlingszwiebeln, in 5 cm lange Stücke geschnitten

3½ EL Crème fraîche

1 Handvoll Blattsalat (ich habe Baby-Grünkohl verwendet, Brunnenkresse oder Baby-Blattspinat eignen sich hier ebenfalls gut)

Ich weiß, nicht jeder mag Nieren. Wenn Sie möchten, können Sie sie auch durch Leber (vom Huhn, Kalb, Schwein oder Lamm), Hirn oder durch in 2 cm dicke Scheiben geschnittenen Lammnacken ersetzen.

[ZUBEREITUNG]

Den Backofen auf 180 °C vorheizen. Ein Backblech mit Backpapier auslegen.

Die Süßkartoffeln etwa 15 Minuten in gesalzenem Wasser kochen, bis sie sich fast vollständig mit einem Messer durchstechen lassen. Behutsam aus dem Topf nehmen und 10 Minuten in einem Sieb abtropfen lassen. Die spitz zulaufenden Enden ab-schneiden, dann die Süßkartoffeln in 1 cm dicke Scheiben schneiden und auf dem vorbereiteten Backblech verteilen. Mit dem Öl beträufeln, mit Salz und frisch gemah-lenem schwarzem Pfeffer bestreuen und etwa 25 Minuten im Ofen goldbraun rösten.

Die Trockenpflaumen und die Orange mit dem Saft, der sich aus den Trennhäuten der Orange herausdrücken lässt, vermischen.

In einer kleinen Schüssel die Hälfte des geräucherten Paprikapulvers unter die Mayon-naise rühren. Falls nötig, etwas Salz zugeben.

In einer großen Schüssel das Mehl mit dem Rosmarin, dem restlichen geräucherten Paprikapulver und 1 TL Salz vermischen. Die Nieren hinzufügen und im Mehl wenden. 5 Minuten ruhen lassen.

In einer Pfanne die Hälfte der Butter zerlassen, die Frühlingszwiebeln hineingeben und 1 Minute unter Umrühren anschwitzen, bis sie etwas Farbe angenommen haben. Aus der Pfanne nehmen und warm halten. Die restliche Butter hineingeben, dann die Nieren mit der Schnittstelle nach unten in die Pfanne setzen. Sie müssen möglicher-weise in zwei Portionen zubereitet werden. 2 Minuten bei mittlerer Temperatur anbra-ten, dann wenden und eine weitere Minute anbraten oder auch etwas länger, falls Sie die Nierchen nicht rosa gebraten möchten. Die Crème fraîche und die Frühlingszwie-beln hinzufügen. Zum Kochen bringen, dann die Temperatur senken und 1 Minute köcheln lassen, bei Bedarf nachwürzen.

Zum Servieren die Süßkartoffeln auf eine vorgewärmte Platte oder auf Teller legen und mit den Salatblättern bestreuen. Zuerst die Nierchen, die Frühlingszwiebeln und die Sauce darüber verteilen, dann die Trockenpflaumen und die Orangen. Mit der Paprika-Mayonnaise servieren.

Jamón ibérico, Pfirsiche, Mozzarella und violettes Pesto

BEI RAUMTEMPERATUR SERVIEREN

ZUTATEN

1 Handvoll wilder Rucola

3 oder 4 Pfirsiche (ich habe Weinbergpfirsiche verwendet)

250 g Bocconcini (kleine Mozzarellakugeln)

100 g *Jamón Ibérico de Bellota* (spanischer Ibérico-Schinken), in dünne Scheiben geschnitten

6 essbare Blüten zum Garnieren (optional)

VIOLETTES PESTO

1 kleine Zehe Knoblauch, geschält und zerdrückt

¼ TL fein abgeriebene unbehandelte Zitronenschale

20 Blättchen violettes Basilikum

3 EL Pinienkerne, leicht geröstet

20 g Parmesan, fein gerieben

3 EL natives Olivenöl extra

2 TL Zitronensaft

Das Wichtigste bei diesem Gericht ist, dass jede einzelne Zutat perfekt ist: Die Pfirsiche müssen reif und süß sein, der Mozzarella der Beste, den Sie bekommen können – idealerweise Büffelmozzarella (mozzarella di bufala). Ich habe die kleinen Mozzarellakugeln, bocconcini genannt, verwendet, die sehr dekorativ aussehen, wobei Sie auch einfach größere Kugeln in kleinere Stücke zupfen können. Zudem habe ich eine der besten Zutaten verwendet, die die kulinarische Welt zu bieten hat: Jamón Ibérico de Bellota. Dabei handelt es sich um einen aromatischen luftgetrockneten Schinken an der Keule aus Spanien, wo auch der bekannte Serranoschinken herkommt. Ich liebe den Ibérico-Schinken so sehr, dass ich 2006 ein Restaurant unter dem Namen »Bellota« aufgemacht habe – zu Ehren der Eicheln (bellotas), von denen sich die wunderbaren Schweine ernähren. Italienischer prosciutto (roher Schinken) eignet sich für dieses Rezept ebenfalls gut. All die Zutaten werden durch ein violettes Pesto harmonisch miteinander verbunden – falls nur grünes Basilikum zur Verfügung steht, können Sie natürlich auch dieses verwenden. Bereiten Sie das Pesto im Mörser oder mithilfe eines kleinen Multizerkleinerers zu. Da es sich um eine kleine Zutatenmenge handelt, erhalten Sie wahrscheinlich nicht die gewünschte Konsistenz, wenn Sie das Pesto in etwas Größerem zubereiten. In meinem Garten blühten gerade einige Veilchen, daher habe ich die Blüten gleich mitverwendet.

[ZUBEREITUNG]

Das violette Pesto herstellen. Dazu den Knoblauch mit der Zitronenschale und ¼ TL Salz im Mörser zerstoßen. Vom Basilikum immer nur je 4 Blätter auf einmal zugeben und ebenfalls mit dem Stößel zerkleinern (fügen Sie mehr Blätter auf einmal hinzu, flattern diese beim Zerkleinern aus dem Mörser). Die Pinienkerne zugeben und grob zerstoßen, dann den Parmesan, das Olivenöl und den Zitronensaft hinzufügen und abschmecken.

Zum Servieren den Rucola auf einer Platte verteilen. Die Pfirsiche halbieren, den Stein entfernen, das Fruchtfleisch in Spalten schneiden und auf dem Rucola anrichten. Die Bocconcini behutsam fast komplett auseinanderziehen, sodass das Innere sichtbar wird, und zwischen den Pfirsichspalten verteilen. Den Schinken locker dazwischenstecken, dann den Salat mit Pestoklecksen garnieren. Zum Schluss mit den essbaren Blüten bestreuen, falls sie verwendet werden.

Gebratene *lardons* mit Süßkartoffeln, Kichererbsen und Stangenbohnen

WARM SERVIEREN

ZUTATEN

200 g *lardons* (kurze, dicke Speckstreifen)

1 EL Olivenöl

1 kleine rote Zwiebel, geschält, halbiert und in dünne halbe Ringe geschnitten

3 Zehen Knoblauch, geschält und in dünne Scheiben geschnitten

1 EL gehackter frischer Thymian, Rosmarin oder Salbei oder eine Mischung

1 kg Süßkartoffeln, geschält und in Stücke geschnitten

250 g gekochte Kichererbsen (etwa der Inhalt einer 400-g-Dose)

300 g Stangenbohnen, von Fäden befreit und schräg in Stücke geschnitten

Für diejenigen, die sie noch nicht kennen: lardons *sind relativ kleine, in Würfel oder kurze, dünne Streifen geschnittene Stücke von geräuchertem oder ungeräuchertem Frühstücksspeck. In Frankreich wandern sie in alles, vom Friséesalat mit Ziegenkäse über Coq au vin bis Quiche Lorraine. Falls Sie sie nicht auftreiben können, schneiden Sie einfach in dicke Scheiben geschnittenen durchwachsenen (Bauch-)Speck in kleine Würfel. Der Salat eignet sich gut als herzhafte Vorspeise in den kühleren Monaten und kann auch als Kohlenhydratkomponente in einer Hauptmahlzeit mit gebratenem Fisch oder Geflügel serviert werden. Oder zum Brunch mit einem pochierten Ei. Wie Sie getrocknete Kichererbsen garen, können Sie auf Seite 79 nachschlagen; oder Sie verwenden Kichererbsen aus der Dose, die Sie abgießen und abspülen.*

[ZUBEREITUNG]

Den Backofen auf 175 °C vorheizen.

Einen Topf bei mittlerer Temperatur auf dem Herd erhitzen, nach 1 Minute die *lardons* und das Öl hineingeben. Anbraten, bis sie Farbe anzunehmen beginnen, dabei umrühren, damit sie nicht ansetzen. Die Zwiebel, den Knoblauch und die Kräuter hinzufügen und anschwitzen, bis die Zwiebel an Volumen verloren hat und zu karamellisieren beginnt.

Die Süßkartoffeln und die Kichererbsen in einen Bräter geben und die Speckmischung zugeben. 1 TL Salz und ¼ TL grob gemahlenen schwarzen Pfeffer hinzufügen und alles vermischen. Unter gelegentlichem Umrühren im Ofen rösten, bis die Süßkartoffeln gar sind und etwas Farbe angenommen haben, was etwa 25 Minuten dauert.

Kurz vor Ablauf der Garzeit die Bohnen in gesalzenem Wasser garen und abgießen.

Zum Servieren die Bohnen mit den Süßkartoffeln und dem Speck vermischen und abschmecken.

Würstchen mit Kartoffel, Fenchel, Brunnenkresse und Spiegelei

WARM SERVIEREN

ZUTATEN

750 g Würste (je nach Größe 8–10 Stück)

2 Knollen Fenchel (500 g), geputzt und längs dünn gehobelt

1 TL Fenchelsamen

12 Blättchen Salbei, in breite Streifen geschnitten

1 EL natives Olivenöl extra

600 g kleine Kartoffeln

4 Eier

2 EL Butter (oder Olivenöl)

1 große Handvoll Brunnenkresse, alle dicken oder holzigen Stiele entfernt

Für dieses wirklich einfache Wochenend-Brunch-Gericht können Sie Würstchen mit beliebiger Würzung verwenden, zu meinen persönlichen Favoriten gehören jedoch Schweinswürstchen mit Fenchelsamen, zum Beispiel italienische salsicce. *Die nordafrikanischen* merguez *auf Lammfleischbasis, die keinerlei Schweinefleisch enthalten, müssen nicht vorgekocht werden und benötigen auch nur die Hälfte der Garzeit, da sie vergleichsweise dünn sind. Ich koche die Würste gern vor dem Anbraten, da dies einen Effekt auf ihre Konsistenz hat, den ich mag, außerdem lässt sich so etwas Fett reduzieren. Sie dürfen diesen Schritt jedoch auch überspringen, wenn er Ihnen zu umständlich erscheint. Als Kartoffeln können Sie jede kleine Kartoffel verwenden, ob festkochend oder mehligkochend, oder auch große Kartoffeln, die Sie in Stücke schneiden.*

[ZUBEREITUNG]

Den Backofen auf 170 °C vorheizen.

Die Würstchen in einen Topf legen, in den sie problemlos hineinpassen, und mit Wasser bedecken. Zum Kochen bringen, dann die Temperatur so weit senken, dass das Wasser nur noch leise köchelt, und 1 Minute kochen. In ein Sieb abgießen. Noch heiß in 2 cm dicke Scheiben schneiden.

Die Wurstscheiben mit dem Fenchel, den Fenchelsamen, dem Salbei und dem Olivenöl in einen Bräter geben. Alles miteinander vermischen und unter gelegentlichem Rühren etwa 20 Minuten im Ofen rösten, bis der Fenchel etwas Farbe angenommen hat.

In der Zwischenzeit die Kartoffeln in gesalzenem Wasser gar kochen. In ein Sieb abgießen und unter die Würstchenmischung mischen.

Die Eier in der Butter bis zum gewünschten Gargrad anbraten – ich mag sie immer am liebsten mit noch flüssigem Eigelb.

Zum Servieren die Brunnenkresse auf vier angewärmten Tellern verteilen, dann die Wurst-Kartoffel-Mischung darauf anrichten. Zum Schluss das Spiegelei daraufsetzen.

Kotelett vom Schwein mit Wassermelone, Pomelo und Kokossauce

DAS FLEISCH WARM, DEN SALAT BEI RAUMTEMPERATUR SERVIEREN

ZUTATEN

400–500 g Schweinekoteletts mit Knochen

200 ml Kokosmilch

½ rote Chili, gehackt

1 Zehe Knoblauch, geschält und fein gehackt

1 Stück Zitronengras (7,5 cm lang) vom unteren Ende des Stängels, die beiden äußeren Schichten entfernt, das Innere in dünne Ringe geschnitten

1 TL Fischsauce (oder Sojasauce oder Salz)

1 Schalotte, geschält und gehackt

85 g ausgelöstes Pomelo-Fruchtfleisch

1 EL Gojibeeren

¼ TL fein abgeriebene unbehandelte Limettenschale

4 EL Limettensaft

300 g ausgelöstes Wassermelonen-Fruchtfleisch, in Spalten geschnitten

1 kleine Stange Staudensellerie aus dem Sellerieherz, in dünne Scheiben geschnitten, das Selleriegrün in dünne Streifen geschnitten

Olivenöl zum Bestreichen

30 g Kokoschips oder Kokosspäne, geröstet

1 Frühlingszwiebel, in dünne Ringe geschnitten

Das Tolle an diesem Salat ist – abgesehen von seinen lebhaften Aromen –, dass bereits aus der Kombination Wassermelone und Pomelo ein fantastischer vegetarischer Salat zubereitet werden kann. Bei Pomelos handelt es sich um sehr große Zitrusfrüchte. Sie sind zwar – ohne Messer – nicht so einfach zu schälen und in einzelne Segmente zu trennen, besitzen aber eine pralle, fast knackige Konsistenz und weniger Säure als Grapefruits. Falls Pomelos nicht erhältlich sind, ersetzen Sie sie durch rosa Grapefruits.

[ZUBEREITUNG]

Den Backofen auf 180 °C vorheizen. Die Koteletts mit Salz und frisch gemahlenem schwarzem Pfeffer würzen, auf einen Teller legen und Raumtemperatur annehmen lassen.

In einem kleinen Topf die Kokosmilch mit der Chili, dem Knoblauch, dem Zitronengras und der Fischsauce erhitzen, bis die Mischung um die Hälfte eingekocht ist, dann warm halten.

Die Schalotte mit der Pomelo, den Gojibeeren, der Limettenschale und dem Limettensaft mischen und 10 Minuten ziehen lassen. Dann die Wassermelone und den Staudensellerie untermischen.

Die Koteletts mit Öl bestreichen und in einer Pfanne mit schwerem Boden bei hoher Temperatur anbraten, bis sie auf beiden Seiten Farbe angenommen haben und Bratspuren aufweisen. In einen Bräter legen und im Ofen fertig rösten, wobei sich die Gardauer nach der Dicke der Koteletts richtet. Um zu prüfen, ob das Fleisch gar ist, die dickste Stelle einschneiden: Ist es innen rosa, aber nicht mehr roh, ist es fertig gegart. Aus dem Ofen nehmen und 10 Minuten an einem warmen Ort ruhen lassen.

Zum Servieren den Wassermelonen-Pomelo-Salat auf Teller verteilen. Das Fleisch vom Kotelettknochen auslösen und in Scheiben schneiden. Auf dem Salat anrichten und mit der warmen Kokossauce beträufeln. Mit den Kokoschips und den Frühlingszwiebeln bestreuen.

Vorherige Seiten: Lammrippchen mit Kardamom (links, siehe Seite 236) und Schweinekotelett (rechts)

Schweinshaxe nach Thai-Art mit Gurke, Papaya, geröstetem Reis, Macadamianüssen und scharf-saurem Tamarindenkaramell

DAS FLEISCH WARM, DEN SALAT BEI RAUMTEMPERATUR SERVIEREN

ZUTATEN

2 Schweinshaxen (à etwa 1,2 kg)

3½ EL Sojasauce

6 Sternanis

6 Kaffirlimettenblätter

1 Stängel Zitronengras, flach geklopft und halbiert

2 rote Chilis, gehackt (inklusive Samen)

4 EL geriebener frischer Ingwer

6 Zehen Knoblauch, geschält und gehackt

200 g extrafeiner Zucker

3–4 EL Tamarindenpaste (Menge nach Belieben anpassen)

2 TL Fischsauce

2 EL weißer Reis (beliebige Sorte)

2 Karotten, geschält, dann längs in dünnen Streifen abgeschält

1 Salatgurke, geschält, längs halbiert, Samen entfernt und in dünne Scheiben geschnitten

1 Papaya à 400 g, geschält, Samen entfernt und gewürfelt

1 Schalotte, geschält und in dünne Ringe geschnitten

1 mittelgroßes Bund Koriandergrün, verlesen

30 Blättchen Minze, zerzupft

100 g Macadamianusskerne, geröstet und gehackt

Ein relativ zeitaufwendiger Salat, dessen Genuss jedoch jede Mühe vergessen macht. Die glasierte, zweimal gegarte Haxe schmeckt köstlich, und ein wunderbar aromatischer Sternanisduft wird sich in Ihrer Wohnung ausbreiten!

[ZUBEREITUNG]

Die Haxen in einen Topf legen und mit kaltem Wasser bedecken. Zum Kochen bringen und 2 Minuten kochen lassen. In ein Sieb abgießen, dann zurück in den Topf legen und für 2 Minuten fließendes kaltes Wasser darüberlaufen lassen. Erneut abgießen, dann wieder in den Topf legen und die Sojasauce, den Sternanis, die Kaffirlimettenblätter, das Zitronengras, die Hälfte der Chili, die Hälfte des Ingwers und die Hälfte des Knoblauchs hinzufügen. Mit Wasser bedecken und zum Kochen bringen. Mit einem passgenau zurechtgeschnittenen Stück Backpapier bedecken und 90 Minuten köcheln lassen. Danach ein Stück Fleisch vom Knochen zupfen – löst es sich leicht, ist es gar. Im Garsud abkühlen lassen.

Die abgekühlten Haxen aus dem Garsud nehmen, die äußere Fettschicht abziehen und in Streifen schneiden. Das Fleisch von den Knochen ablösen, in große Stücke reißen oder schneiden und auf einem mit Backpapier ausgelegten Backblech ausbreiten. Vom Garsud 100 ml abmessen und beiseitestellen. Den Backofen auf 200 °C vorheizen.

In einem mittelgroßen Topf den Zucker bei mittlerer bis hoher Temperatur schmelzen, bis er karamellisiert. Die restliche Chili, Ingwer und Knoblauch unterrühren, bis sich alles miteinander verbunden hat. Die Tamarindenpaste, die Fischsauce und den aufbewahrten Garsud hinzufügen, zum Kochen bringen und sirupartig einkochen lassen. Das Fleisch mit einem Drittel des Sirups übergießen und etwa 20 Minuten im Ofen backen, bis es karamellisiert ist, dabei einige Male durchmischen.

Inzwischen in einer Pfanne den Reis ohne Fettzugabe bei mittlerer Temperatur goldbraun rösten. Abkühlen lassen, dann in einer Gewürzmühle mahlen oder im Mörser zerstoßen.

Die Karotten mit der Salatgurke, der Papaya, der Schalotte, dem Koriandergrün und der Minze vermischen.

Zum Servieren den Papayasalat auf eine Platte oder auf Tellern verteilen. Das glasierte Haxenfleisch darauf anrichten und mit dem restlichen Dressing beträufeln. Mit dem gerösteten Reis und den Nüssen bestreuen.

Reh mit Kokos-Curry-Kürbis und Senf-Wirsingkohl

WARM SERVIEREN

ZUTATEN

4 Stücke aus dem Rehrücken oder Steaks aus der Rehkeule à 150 g

¼ eines kleinen Wirsingkohls, Strunk entfernt, Blätter in feine Streifen geschnitten

1 EL englischer Senf

3 EL Apfelessig oder ein anderer heller Essig

1 TL extrafeiner Zucker

500 g Kürbisfruchtfleisch, in Stücke geschnitten

½ TL Kreuzkümmelsamen

20 Curryblätter

1 EL Sesamöl

1 EL Sonnenblumenöl

1 rote Zwiebel, geschält, halbiert und in dünne halbe Ringe geschnitten

2 Sternanis

2 Zehen Knoblauch, geschält und in dünne Scheiben geschnitten

1 Stück Ingwer (5 cm lang), geschält und in streichholzgroße Stäbchen geschnitten oder grob gehackt oder gerieben

1 rote Chili, gehackt

2 TL Fischsauce

1 Stück Zitronengras (5 cm lang) vom unteren Ende des Stängels, die beiden äußeren Schichten entfernt, das Innere in dünne Ringe geschnitten

4 Kaffirlimettenblätter

300 ml Kokosmilch

Bei Reh- bzw. Hirschfleisch handelt es sich um ganz hervorragendes Fleisch: Es besitzt ein ausgezeichnetes Aroma und ist fettarm und gesund. Zuchtwild hat einen deutlich weniger ausgeprägten Geschmack als frei laufendes Wild, eher wie Rindfleisch. Beim Braten jeglichen Fleischs liegt der Schlüssel zum Erfolg darin, es nach dem Garen für mindestens die Hälfte der Gardauer ruhen zu lassen.

[ZUBEREITUNG]

Den Backofen auf 170 °C vorheizen. Das Fleisch auf einen Teller legen, mit Frischhaltefolie abdecken und Raumtemperatur annehmen lassen.

Den klein geschnittenen Wirsing in eine Schüssel geben. Den Senf mit dem Essig, dem Zucker und ½ TL Salz vermischen, den Kohl damit übergießen und durchmischen. Die Schüssel abgedeckt beiseitestellen.

Den Kürbis mit den Kreuzkümmelsamen und den Curryblättern in einen Bräter geben. Mit 1 TL Sesamöl beträufeln und mit ½ TL Salz bestreuen. Vermischen und 10 Minuten im Ofen rösten.

Inzwischen in einem mittelgroßen Topf das Sonnenblumenöl, die Zwiebel und den Sternanis bei mittlerer Temperatur erhitzen und unter häufigem Rühren anschwitzen, bis die Zwiebel zu karamellisieren beginnt. Den Knoblauch, den Ingwer und die Chili zugeben und weitere 2 Minuten unter Rühren garen. Die Fischsauce hinzufügen und nochmals 30 Sekunden erhitzen, dann das Zitronengras, die Limettenblätter und die Kokosmilch zugeben und zum Kochen bringen. Bei mittlerer Temperatur 4 Minuten köcheln.

Den Bräter aus dem Ofen nehmen und den Kürbis mit der Currysauce übergießen. Erneut in den Ofen stellen und weiter rösten, bis der Kürbis gar ist und Farbe angenommen hat. Den Ofen ausschalten und den Kürbis darin warm halten.

In der Zwischenzeit das Wild zubereiten. Dazu eine Pfanne mit schwerem Boden bei mittlerer bis hoher Temperatur erhitzen, bis über dem Boden Hitzeflimmern zu sehen ist. Die Rehrückenteile bzw. die Steaks mit dem restlichen Sesamöl bestreichen und beidseitig mit wenig Salz und frisch gemahlenem schwarzem Pfeffer würzen. In die Pfanne legen und 3 Minuten anbraten, dann wenden und bis zum gewünschten Gargrad fertig braten. Dann aus der Pfanne nehmen und auf einem vorgewärmten Teller mit Aluminiumfolie abgedeckt 5–8 Minuten ruhen lassen.

Zum Servieren den Kürbis auf vier vorgewärmte Teller geben, den Wirsing darüber verteilen. Das Fleisch in 1 cm dicke Scheiben schneiden und darauf anrichten. Zum Schluss mit der Sauce beträufeln.

Dressings

KAPITEL 8

Honig-Senf

ZUTATEN

1½ EL flüssiger Honig

2 EL körniger Senf

1 EL englischer Senf

2 EL Zitronensaft

100 ml kaltgepresstes Rapsöl
(oder Sonnenblumenöl oder
Olivenöl)

Dieses Dressing können Sie für einen Salat aus dünn aufgeschnittenem gekochtem Schinken, warmen halbierten festkochenden Kartoffeln, grünen Bohnen und weich gekochten Eiern verwenden – oder auch für einen Salat aus heißgeräuchertem Lachs und Brunnenkresse, den Sie mit gerösteten Kürbiskernen und Kirschtomaten fertigstellen. Das Dressing ist im Kühlschrank 2 Wochen haltbar.

[ZUBEREITUNG]

Den Honig mit den Senfsorten vermischen, dann den Zitronensaft und zum Schluss das Öl unterrühren. Eigentlich sollte Salz hier nicht nötig sein, aber probieren Sie das Dressing lieber und entscheiden Sie dann selbst.

Zitronengras-Ingwer-Chili

ZUTATEN

1 Stück Zitronengras (5 cm
lang) vom unteren Ende des
Stängels, die beiden äußeren
Schichten entfernt, das Innere
in dünne Ringe geschnitten

1 EL fein gehackter oder
geriebener Ingwer

½ TL fein abgeriebene
unbehandelte Zitronenschale

½ rote oder grüne Chili, fein
gehackt

1 TL Palmzucker (oder
extrafeiner Rohzucker)

2 TL Fischsauce (oder ¼ TL
Salz)

120 ml Zitronensaft

2 EL Sonnenblumenöl

Dieses Dressing enthält verglichen mit einem »eher westlich angelegten« Dressing kaum Öl, es schmeckt hervorragend zu gegrilltem oder gedämpftem Fisch oder Hähnchen oder vermischt mit knackiger Rohkost. Verwenden Sie so viel Chili, wie Sie möchten. Das Dressing ist im Kühlschrank 5 Tage haltbar, büßt bei der Lagerung jedoch sein frisches Aroma ein.

[ZUBEREITUNG]

Alle Zutaten in ein Schraubverschlussglas mit dicht schließendem Deckel füllen und kräftig schütteln. 30 Minuten ziehen lassen, dann probieren und mit ein paar Esslöffeln kaltem Wasser verdünnen, falls es zu konzentriert schmecken sollte.

Rechts die Dressings im Uhrzeigersinn von oben: Sesam-Ingwer-Miso, Zitronengras-Ingwer-Chili, Sherryessig-Granatapfelsirup, Honig-Senf, Chia-Ingwer-Honig-Limette

Sherryessig-Granatapfelsirup

ZUTATEN

2 EL Sherryessig

1½ EL Granatapfelsirup

1 TL Sojasauce

½ Zehe Knoblauch, geschält und fein gehackt

100 ml natives Olivenöl extra

Dieses Dressing ist eine Fusion der Kulturen: Der spanische Sherryessig harmoniert hervorragend mit dem nahöstlichen Granatapfelsirup und der asiatischen Sojasauce. Köstlich über gegrillte Steaks oder Lachs geträufelt, mit Grillgemüse vermischt oder als Dressing für gegrillte Pilze oder Spargel. Es ist im Kühlschrank 2 Wochen haltbar.

[ZUBEREITUNG]

Den Sherryessig mit dem Granatapfelsirup, der Sojasauce und dem Knoblauch in ein Schraubverschlussglas mit dicht schließendem Deckel füllen und schütteln, bis sich der Sirup aufgelöst hat. Das Öl hinzufügen und erneut schütteln. Bei Bedarf noch mit etwas Sojasauce oder Salz abschmecken.

Chia-Ingwer-Honig-Limette

ZUTATEN

1 EL Chiasamen

3 EL Limettensaft

1 EL fein gehackter oder geriebener Ingwer

1 EL Agavendicksaft (oder flüssiger Honig oder Palmzucker)

150 ml Sonnenblumenöl

Chiasamen gelten als eine Art »Superfood«, hier verwende ich sie in einem Rezept, das leicht zuzubereiten und vielseitig einsetzbar ist, sodass Sie es häufig genießen können. Wunderbar zu Blattsalat, Gurke und Tomate oder einem warmen Kartoffelsalat. Oder als Dressing zu gekühlten Sobanudeln, Tofu und kaltem Brathähnchen. Vermischen Sie es mithilfe eines Stabmixers oder eines kleinen Standmixers. Es ist im Kühlschrank 5 Tage haltbar.

[ZUBEREITUNG]

Die Chiasamen mit 4 EL Wasser in eine kleine Schüssel geben und 15 Minuten quellen lassen. Mit allen anderen Zutaten und ¼ TL Salz vermischen, dann 30 Sekunden auf höchster Stufe pürieren. Bei Bedarf mit noch etwas Limettensaft oder Salz abschmecken.

Sesam-Ingwer-Miso

ZUTATEN

90 ml Reisessig (oder ein anderer heller Essig)

2 TL Misopaste

1 EL fein gehackter oder geriebener Ingwer

1 EL Tahini (Sesampaste)

1 TL schwarze Sesamsamen (oder geröstete weiße Sesamsamen)

4 EL geröstetes Sesamöl

75 ml Sonnenblumenöl

Dieses dickflüssige, säuerliche Dressing schmeckt wunderbar zu gekochtem Reis und dampfgegartem grünem Blattgemüse, über gegrillten grünen Spargel oder Fisch geträufelt oder als Dressing für einen warm servierten Geflügelsalat. Sehr fein auch zu warmen Kürbis- oder Rote-Bete-Stücken aus dem Backofen. Das Dressing ist 5 Tage im Kühlschrank haltbar.

[ZUBEREITUNG]

Den Essig mit der Misopaste und dem Ingwer mit einem Schneebesen zu einer dickflüssigen Mischung aufschlagen. Die Tahini und die Sesamsamen unterrühren. Die beiden Öle unterschlagen, bis sie sich mit den anderen Zutaten verbunden haben.

Tomate-Basilikum

ZUTATEN

1 große reife Tomate, Stielansatz entfernt, grob gehackt

1 Zehe Knoblauch, geschält und in Scheiben geschnitten

¼ TL geräuchertes Paprikapulver (Pimentón de la Vera)

2 EL Apfelessig

100 ml Olivenöl

1 Handvoll Basilikumblättchen

Mit frischem, leichtem Geschmack perfekt zu blanchierten Bohnen und Feta, über Fischsteaks oder Lammkoteletts geträufelt oder auch über Mozzarellabruschetta, das zum Schluss mit zerkleinerter Minze garniert wird. Das Dressing lässt sich 1 Tag im Voraus herstellen, vor der Verwendung jedoch kräftig aufschütteln.

[ZUBEREITUNG]

Alles in einen Standmixer geben und 30 Sekunden auf höchster Stufe pürieren. Mit Salz und grob gemahlenem schwarzem Pfeffer abschmecken.

Kapern-Naturjoghurt-Arganöl-Zitrone

150 g Naturjoghurt »griechische Art«

3 EL Arganöl (oder natives Olivenöl extra)

4 EL Orangensaft

3 EL Zitronensaft

½ TL fein abgeriebene unbehandelte Orangenschale

½ TL fein abgeriebene unbehandelte Zitronenschale

1 EL klein geschnittener Schnittlauch

1 EL grob gehackte Kapern

Hierbei handelt es sich eher um eine Art amerikanische Salatcreme als um ein Dressing. Genießen Sie sie zu einem Salat aus in Scheiben geschnittener Cantaloupe-Melone und Apfel oder als i-Tüpfelchen auf einem mit Grillschinken und pochiertem Ei belegten Toast, den Sie am Ende mit etwas klein geschnittenem Dill bestreuen. Die Creme schmeckt auch sehr gut auf pochiertem oder gedämpftem Fisch oder Geflügel. Alternativ können Sie statt Naturjoghurt griechischer Art auch Naturjoghurt aus Schafs- oder Ziegenmilch verwenden. Arganöl verleiht der Creme eine köstliche Fülle und sollte hier unbedingt zum Einsatz kommen, wenn Sie es vorrätig haben. Bewahren Sie die Creme im Kühlschrank auf und verzehren Sie sie innerhalb von 2 Tagen.

[ZUBEREITUNG]

Alle Zutaten in eine Schüssel geben und mit einem Schneebesen vermischen. Abschmecken – wahrscheinlich muss noch etwa ¼ TL Salz hinzugefügt werden.

Kokos-Tamarinde-Sternanis

1 Dose ungesüßte Kokosmilch à 400 ml

3 EL Tamarindenpaste (nach Belieben etwas mehr oder weniger)

1 Stück Ingwer (5 cm lang), geschält und in dünne Scheiben geschnitten

½ rote Chili, gehackt

1 Sternanis, grob zerstoßen

½ TL fein abgeriebene unbehandelte Limettenschale

4 EL Limettensaft

1 EL Fischsauce

Drei von meinen Lieblingszutaten in einem Rezept vereint! Dieses »gekochte« Dressing passt sehr gut zu einem Salat aus gerösteter Süßkartoffel (oder Kürbis) und Bohnen, der mit gerösteten Cashew- oder Kürbiskernen garniert wird. Ebenso köstlich zu dünn aufgeschnittenem gegrilltem Rindfleisch, das mit rohen roten Zwiebeln und reichlich Koriandergrün vermischt wird, oder über Fleisch oder Fisch vom Grill. Sie können das Dressing im Kühlschrank aufbewahren, lassen Sie es jedoch vor dem Verzehr Raumtemperatur annehmen oder erwärmen Sie es leicht, da es in gekühltem Zustand recht dickflüssig ist. Im Kühlschrank ist es 5 Tage haltbar.

[ZUBEREITUNG]

Alles außer dem Limettensaft und der Fischsauce in einen kleinen Topf geben und langsam zum Kochen bringen. Dann die Temperatur senken, sodass die Mischung nur noch kräftig köchelt, und um ein Drittel einkochen. Den Limettensaft und die Fischsauce hinzufügen und nochmals 5 Minuten köcheln lassen. Durch ein Sieb abseihen und abkühlen lassen.

Rechte Seite: Kokos-Tamarinden-Sternanis-Dressing (links), Kapern-Naturjoghurt-Arganöl-Zitrus-Dressing

Naturjoghurt-Haselnuss-Apfel-Zitrone

ZUTATEN

150 ml Naturjoghurt aus Schafsmilch (oder aus Ziegen- oder Kuhmilch)

2 EL Zitronensaft

3 EL Apfelsaft

2 TL englischer Senf oder Dijonsenf

2 EL Haselnussöl (oder Walnussöl)

2 EL fein gehackte geröstete Haselnüsse

Dieses stückige Dressing schmeckt ausgezeichnet über sonnenverwöhnte alte Tomatensorten oder über in Spalten portionierten Eisbergsalat und Apfelscheiben geträufelt oder mit gekühltem gekochtem Reis oder Pasta, in Scheiben geschnittenem Hähnchenfleisch und reichlich Kräutern vermischt. Der Apfelsaft sorgt für milde Süße, er kann jedoch ganz nach persönlicher Vorliebe durch einen anderen Fruchtsaft oder etwas Honig plus kaltes Wasser ersetzt werden. Das Dressing ist im Kühlschrank 2 Tage haltbar.

[ZUBEREITUNG]

Alle Zutaten in eine Schüssel geben und mit dem Schneebesen aufschlagen, dann abschmecken.

Schwarzer-Essig-Ingwer-Sesam-Honig

ZUTATEN

1 EL flüssiger Honig

2 TL englischer Senf

1 TL fein gehackter oder geriebener Ingwer

4 EL schwarzer chinesischer Reisessig

1 TL Sojasauce (oder ¼ TL Salz)

2 EL geröstetes Sesamöl

4 EL Sonnenblumenöl

Bei schwarzem Reisessig handelt es sich um einen großartigen gereiften, süßen und mild-würzigen Essig aus China, der problemlos in jedem Geschäft mit chinesischem Lebensmittelangebot erhältlich ist. Neben der oftmals enthaltenen feinen Orangennote besitzt der Essig ein wunderbar rauchiges Aroma. Sie können ihn durch einen guten alten Balsamico-Essig ersetzen. Genießen Sie das Dressing zu in Scheiben geschnittenen Tomaten mit Mozzarella und Basilikumblättchen, in Salaten aus pochiertem Huhn oder Schweinefleisch oder vermischt mit grünen und gelben Bohnen und Sesamsamen. Es ist im Kühlschrank 5 Tage haltbar.

[ZUBEREITUNG]

Den Honig mit dem Senf, dem Ingwer, dem schwarzen Reisessig, der Sojasauce und 2 EL kaltem Wasser in ein Schraubverschlussglas füllen und kräftig schütteln, bis sich der Honig aufgelöst hat. Die beiden Ölsorten hinzufügen und erneut schütteln.

Räucherpaprika-Knoblauch-Thymian

ZUTATEN

½ TL mildes geräuchertes Paprikapulver (Pimentón de la Vera dulce)

1 Zehe Knoblauch, geschält und fein zerdrückt

½ TL Thymianblättchen

100 ml natives Olivenöl extra

2½ EL Rotweinessig

Dieses spanisch inspirierte Dressing passt hervorragend zu gegrillten Garnelen oder unter dampfgegarte geöffnete Muscheln gemischt. Auch sehr gut in Kombination mit in Scheiben geschnittenen Feigen, die mit geriebenem Manchego bestreut wurden, oder über in Entenschmalz gebratene Kartoffeln geträufelt. Das Dressing ist im Kühlschrank 3 Tage haltbar.

[ZUBEREITUNG]

Das Paprikapulver mit dem Knoblauch, dem Thymian und 2 EL Öl in eine kleine Pfanne geben und bei mittlerer Temperatur unter Rühren rösten, bis der Knoblauch eine goldbraune Färbung angenommen hat und brutzelt. Vom Herd nehmen und in ein hitzefestes Schraubverschlussglas oder eine Schüssel füllen. Das restliche Öl, den Essig und ¼ TL Salz mit einem Schneebesen behutsam unterschlagen und abkühlen lassen.

Rechte Seite, Dressings von links nach rechts: Schwarzer-Essig-Ingwer-Sesam-Honig, Räucherpaprika-Knoblauch-Thymian, Sherryessig-Olive

Sherryessig-Olive

ZUTATEN

100 ml natives Olivenöl extra

1 Zehe Knoblauch, geschält und fein gehackt

½ TL fein gehackte frische Kräuter (eine Mischung aus Thymian, Oregano und Rosmarin)

¼ TL Kreuzkümmelsamen, geröstet und zerstoßen

30 g fein gehackte entsteinte Oliven

2 EL Sherryessig

Dieses stückige Dressing harmoniert bestens mit geröstetem Gemüse, Schweinebraten, pochiertem Huhn oder Entenkeulen-Confit. Sie können beliebige hochwertige Oliven verwenden, wobei grüne Oliven besser zu weißem Fleisch oder Fisch passen und schwarze Oliven besser zu rotem Fleisch und Röstgemüse. Das Dressing ist im Kühlschrank 2 Wochen haltbar.

[ZUBEREITUNG]

Vom Öl 2 EL abnehmen und in eine kleine Pfanne geben, dann den Knoblauch, die Kräuter und die Kreuzkümmelsamen hinzufügen. Bei mittlerer bis niedriger Temperatur unter ständigem Rühren erhitzen, bis der Knoblauch gerade eben eine goldgelbe Farbe anzunehmen beginnt. In ein hitzefestes Schraubverschlussglas füllen. Das restliche Öl zugießen und 5 Minuten ziehen lassen.

Die Oliven und den Sherryessig zugeben. Da die Oliven bereits salzig sind, das Dressing probieren, bevor mit Salz abgeschmeckt wird.

Vor der Verwendung kräftig schütteln.

Mayonnaise

ZUTATEN

1 Bio-Ei

1 Bio-Eigelb

2 TL englischer Senf

1 TL Apfelessig (oder ein anderer heller Essig)

200 ml Sonnenblumenöl oder mildes Olivenöl

3½ EL kaltgepresstes Rapsöl

Ich hielt es für notwendig, ein Rezept für Mayonnaise in dieses Buch aufzunehmen, da sie nicht wegzudenken ist, wenn es ums Thema Salat geht, und sie mit weiteren Zutaten ganz auf Ihren persönlichen Geschmack abgestimmt werden kann – von gehackten Chilis oder Sardellen über fein abgeriebene Orangenschale bis zu gehackten Kräutern oder pürierten konfierten Knoblauchzehen. Die Mayonnaise können Sie entweder im kleinen Mixbehälter einer Küchenmaschine oder mithilfe eines elektrischen Handrührers herstellen oder einfach auf die altbewährte Art und Weise mit Schneebesen und Schüssel. Indem Sie ein ganzes Ei plus ein Eigelb verwenden, reduzieren Sie das Risiko, dass Ihre Mayonnaise gerinnen könnte, quasi auf null. Ich habe hier das köstliche goldfarbene kaltgepresste Rapsöl verwendet, Sie können aber auch natives Olivenöl extra nehmen. Die Mayonnaise ist im Kühlschrank 3 Tage haltbar.

[ZUBEREITUNG]

Das Ei und das Eigelb mit dem Senf, dem Essig und wenig Salz kräftig aufschlagen. Dann ganz langsam – tröpfchenweise, wenn von Hand aufgeschlagen wird – das Sonnenblumenöl zufügen. Wenn erst einmal ein paar Esslöffel Öl eingearbeitet sind, kann der Rest etwas zügiger hinzugefügt werden. Wenn eine Küchenmaschine verwendet wird, lässt sich dieser Schritt etwas schneller durchführen. (Durch die vorsichtige und langsame Arbeitsweise soll vermieden werden, dass sich die Mayonnaise trennt.) Nachdem das gesamte Sonnenblumenöl eingearbeitet ist, langsam das Rapsöl zufügen. Abschmecken und am Ende 1 TL warmes Wasser sehr schnell unterschlagen, was zur Stabilisierung der Mayonnaise beiträgt.

Kondensmilch-Wasabi-»Mayonnaise«

Während meiner Kindheit in Neuseeland nannten wir das hier (ohne Wasabi) Mayonnaise – zum Totlachen, wenn man bedenkt, woraus echte Mayonnaise besteht – diese hier enthält nämlich weder Eier noch Öl! Die Kombination aus süß und sauer machte in diesem Fall den besonderen Reiz aus. Anstelle des traditionellen Senfpulvers habe ich mich für Wasabipaste entschieden, da sie so gut mit der süßen Kondensmilch harmoniert. Verwenden Sie sie als Dressing für Coleslaw, verfeinern Sie sie mit gehackten Gewürzgurken und Kapern als süß-pikante Tartarsauce oder peppen Sie sie mit Currypulver auf (ja, Sie lesen richtig!) und kombinieren Sie sie mit gehackten gekochten Eiern, Bananenscheiben und Kartoffeln zu einem originellen Kartoffelsalat. Die »Mayonnaise« ist im Kühlschrank 1 Woche haltbar.

ZUTATEN

1 Dose gesüßte Kondensmilch à 400 g

100 ml Malzessig

2 EL Wasabipaste (nach Belieben auch mehr; oder Senfpulver oder englischer Senf)

[ZUBEREITUNG]

Mit einem Schneebesen alle Zutaten plus ½ TL Salz 20 Sekunden kräftig aufschlagen. Mit der Zeit dickt die »Mayonnaise« ein, daher 20 Minuten ruhen lassen. Bevorzugen Sie eine dünnere Konsistenz, etwas Milch unterrühren.

Milch-Aioli ohne Ei

Dieses Rezept mag vielleicht etwas skurril klingen, aber es ist unglaublich einfach und narrensicher zuzubereiten, wenn Sie einen Stabmixer besitzen (oder einen Standmixer, der größere Mengen fasst). Bei einer Aioli oder alioli, wie die Spanier sagen, handelt es sich um eine Knoblauch-Mayonnaise. Diese eifreie Variante besteht aus nur drei Zutaten (plus Salz) und ist daher besonders interessant für Menschen mit Lebensmittelunverträglichkeiten – auch wenn sie Milch enthält. Ich habe hier schwarzen Knoblauch verwendet, da ich die Aioli zum Perlhuhn auf Seite 218 servieren wollte, Sie können jedoch genauso gut normalen frischen oder auch geräucherten Knoblauch nehmen. Ebenso können Sie ein paar Blättchen Basilikum, Estragon oder jungen Thymian hinzufügen, wenn Sie den Knoblauch mit der Milch pürieren. Dieses Rezept ergibt wahrscheinlich mehr, als Sie benötigen werden, die Aioli hält sich jedoch 4 Tage im Kühlschrank.

ZUTATEN

2 Zehen schwarzer Knoblauch, in Scheiben geschnitten

1 Zehe Knoblauch, geschält und in Scheiben geschnitten

100 ml Milch

220 ml Sonnenblumenöl

[ZUBEREITUNG]

Den Knoblauch und die Milch in ein schmales hohes Gefäß füllen und mit einem Stabmixer 15 Sekunden pürieren. Die Hälfte des Öls langsam und gleichmäßig hineinträufeln, dann ½ TL Salz zugeben und mit dem Stabmixer einarbeiten. Das restliche Öl ebenfalls mithilfe des Stabmixers einarbeiten.

Über den Autor

PETER GORDON *wurde in der Küstenstadt Whanganui, Neuseeland, geboren. Sein erstes Kochbuch stellte er bereits im zarten Alter von vier Jahren zusammen. Im Jahr 1981 zog er nach Melbourne, wo er vier Jahre lang eine Ausbildung zum Koch absolvierte. Abenteuerlust und kulinarische Neugier ließen ihn zu einer einjährigen Asienreise aufbrechen. Dieses für ihn lebensverändernde Ereignis beeinflusste seine Art zu kochen maßgeblich. 1986 zog er erneut um nach Wellington, wo er Küchenchef im Restaurant* The Sugar Club *wurde, was seinen Ruf als Koch begründete. Sein Unternehmergeist und der Drang, seinen kulinarischen Horizont zu erweitern, führten im Jahre 1989 schließlich zu seinem Umzug nach London. Dort realisierte er einen lebendigen und ungewöhnlichen Kochstil, der als* fusion cuisine *bekannt wurde, und erhielt große Anerkennung für seine Leistungen in den beiden Londoner Ablegern des* The Sugar Club *in Notting Hill und im Westen von Soho.*

*Aktuell betreibt Peter Gordon Restaurants in London (*The Providores *und* Tapa Room *in Marylebone und* Kopapa *in Covent Garden) und Auckland (*Bellota *und die vierte Ausgabe seines Kultrestaurants* The Sugar Club*). Außerdem ist er der Gründer von* Crosstown Doughnuts, *einer Doughnut-Spezialitäten-Kette, die im April 2014 in London ihre Pforten öffnete.*

Dies ist Peters achtes Kochbuch, außerdem hat er an über einem Dutzend weiterer Kochbücher mitgearbeitet. Er hatte zahlreiche Auftritte im britischen Fernsehen, unter anderem bei Saturday Kitchen, Nigel Slater *und im Rahmen von Jamie Olivers Kochserien sowie als Gastjuror beim britischen und neuseeländischen* MasterChef. *Gerade war er als Moderator und Produzent von* Native Kitchen (TV3 *und* Maori Television *in Neuseeland) tätig, eine zehnteilige TV-Serie, in der er aufstrebende junge Maori-Köche während eines zehntägigen kulinarischen Trainingslagers betreute.*

Im Jahre 1999 bekam Peter als erster Preisträger den Titel New Zealander of the Year (»Neuseeländer des Jahres«) *der* The New Zealand Society *in London verliehen. Er erhält breite Anerkennung für sein leidenschaftliches Engagement für die Lebensmittelbranche. Im Jahre 2009 wurde ihm ein* ONZM (Officer of the New Zealand Order of Merit, *neuseeländischer Verdienstorden) zuerkannt, der ihm von der britischen Königin Elisabeth II. auf Windsor Castle aufgrund seiner Verdienste für die Lebensmittelbranche verliehen wurde.*

Register

Aioli: Sardellen-Aioli 230
  Milch-Aioli ohne Ei 266
Ajo blanco 120
Apfel: Kohl, Apfel, Minze 36
  Panierter Camembert mit
    Apfel, Mango 130
  Rauchiges Apfelkompott 117
  Thunfisch mit Kokosnuss, Chili,
    Mango, Apfel 172
Artischocke: Mit Roter Bete
  gebeizter Lachs, gegrillte
  Artischocken, Wirsing 158
  Freekeh, mit Kreuzkümmel
    geröstete Artischocke,
    gegrillter Mais 158
  Mozzarella und Artischocken mit
    Walnuss-Sauce 144
Aubergine: Aubergine, Quinoa,
  Römersalat 75
  Gegrillte Kalmare und Paprika
    und Chili-Aubergine 179
  Lammlende, knuspriger Grün-
    kohl, Aubergine 232
  Gebackene Miso-Aubergine,
    Datteln, Feta 142
  Backofenkürbis, Aubergine,
    Buchen- und Shiitakepilze
    114
  Dampfgegarter Ingwer-Tempeh,
    Aubergine, schwarzer Reis
    100
Austern, geröstete Tomaten,
  Sellerie, Dashigelee 192
Avocado: Dinkel, gegrillter Radic-
  chio, Zitrusfrüchte, Avocado und
  schwarzer Rettich 102
  Heißgeräucherter Lachs,
    Avocado, Birne 164
  Brathähnchen, Kumquats,
    schwarzer Knoblauch 201
  Gegrillte Garnelen, Bacon,
    Bananen 185
  Kurz angebratener Lachs,
    Norisauce, knuspriger Buch-
    weizen 155
  Mit Miso und Kakao mariniertes
    Rindfleisch 224

Banane: Gegrillte Garnelen,
  Bacon, Bananen 185

Birne: Blauschimmelkäse, Wal-
  nüsse, Trauben, Cranberrys,
  Birne 129
  Grüne Linsen, pochierte Birne,
    Maroni, Brokkoli 86
  Heißgeräucherter Lachs,
    Avocado, Birne 164
  Knollensellerie, Satsuma, Birne,
    Fenchel und Rotkohl 53
  Ziegenquark, Gelbe Bete,
    Trauben, pochierte Birne 120
Blumenkohl: Gerösteter Blumen-
  kohl, Oliven, Bohnen, Erbsen 56
  Gerösteter Blumenkohl mit
    Gewürzen und Knoblauch
    54
  Mit Kräutern gebackener Kabel-
    jau, Blumenkohl, Zucchini,
    Dicke Bohnen 174
Bohnen: s. Dicke Bohnen, Eda-
  mame, Grüne Bohnen, Stangen-
  bohnen
Brokkoli: Bulgur, gegrillte Karotten,
  Brokkoli 98
  Gegrillte Zucchini, Brokkolini,
    Stangenbohnen 141
  Grüne Linsen, pochierte Birne,
    Maroni, Brokkoli 86
  Kichererbsen, gegrillter Brokkoli,
    grüner Spargel 79
Brot: Croûtons 79
  Tomate, Brot, Sumach und
    Basilikum 33
  Lammnacken, gebackenes
    Pitabrot, Feigen, Feta, Tomate,
    Gurke 235
  Sumach-Lawasch 146
Buchweizen, knuspriger 142, 156
Bulgur, gegrillte Karotten, Brokkoli
  98
Burrata und Tomaten mit Mango-
  dressing 138

Camembert, paniert mit Apfel,
  Mango 130
Couscous: Grünkohl-Couscous mit
  eingelegter Zitrone 28
  Pochierter Lachs mit Grapefruit-
    Couscous 162
Croûtons 18, 79, 202

Dashigelee 192
Datteln: Gebackene Miso-Auber-
  gine, Datteln, Feta 142
  Mozzarella, Medjool-Datteln,
    Schmortomaten 132
Dicke Bohnen: Baby-Rote-Beten,
  Dicke Bohnen, Ziegenquark 118
  Mit Kräutern gebackener Kabel-
    jau, Blumenkohl, Zucchini,
    Dicke Bohnen 174
  Mit Roter Bete gebeizter Lachs,
    gegrillte Artischocken, Wirsing
    158
  Gerösteter Blumenkohl, Oliven,
    Bohnen, Erbsen 56
Dinkel, gegrillter Radicchio, Zitrus-
  früchte, Avocado und schwarzer
  Rettich 102
Dressings
  Ajo blanco 120
  Chia-Ingwer-Honig-Limette 258
  Chili-Sesam-Dressing 192
  Dill-Miso-Senf-Dressing 167
  Getrüffeltes Honigdressing 135
  Honig-Senf 256
  Kapern-Naturjoghurt-Arga-
    nöl-Zitrone 260
  Kokos-Tamarinde-Sternanis 260
  Mangodressing 138
  Naturjoghurt-Haselnuss-Apfel-
    Zitrone 261
  Passionsfruchtdressing 197
  Räucherpaprika-Knoblauch-
    Thymian 262
  Schwarzer-Essig-Ingwer-Sesam-
    Honig 262
  Sesam-Ingwer-Miso 259
  Sherryessig-Granatapfelsirup
    258
  Sherryessig-Olive 263
  Tahini-Joghurt-Dressing 54
  Tomate-Basilikum 259
  Umeboshi-Dressing 186
  Zitronengras-Ingwer-Chili 256
Dukkah 134

Edamame: Grüner Salat 27
  Rumpsteak mit Schwarzwurzeln,
    Pfifferlingen und Edamame
    222

Emmer, Kapern, gebackene Kräu-
  tertomaten, Röstkarotten 108
Ente: Confit von der Entenkeule,
  Steinpilze, Cavolo nero und
  Blauschimmelkäse 215
  Ente, Feigen, Walnüsse, Trauben
    212
Erbsen: Baby-Kartoffeln mit Minze,
  Erbsen und Crème fraîche 30
  Wurzelgemüse und Kürbis aus
    dem Backofen mit sahnigen
    Minzeerbsen 48

Feigen: Ente, Feigen, Walnüsse,
  Trauben 212
  Gebackener Ricotta, Röstkarot-
    ten, Feigen 123
  Lammnacken, gebackenes Pita-
    brot, Feigen, Feta, Tomate,
    Gurke 235
Fenchel: Hähnchenlebern mit
  Quinoa, geröstetem Fenchel,
  Pilzpüree 206
  Kirschen, Kirschtomaten,
    Orange, Fenchel 68
  Salat in Weißtönen 26
  Würstchen mit Kartoffel, Fenchel,
    Brunnenkresse und Spiegelei
    244
Freekeh: Freekeh, mit Kreuzkümmel
  geröstete Artischocke, gegrillter
  Mais 92
  Freekeh, Walnuss, Mangold,
    Pilze 97
  Gegrillte Kalmare und Paprika
    179
Fregola, grüner Spargel, Shiita-
  kepilze 89

Garnelen: Gegrillte Garnelen,
  Bacon, Bananen 185
  Szechuanpfeffer-Garnelen mit
    geröstetem Miso-Topinambur
    186
Geflügel s. Ente, Huhn, Perlhuhn,
  Wachtel
Gelbe Bete: Ziegenquark, Gelbe
  Bete, Trauben, pochierte Birne
  120
Gomasio 155

Grapefruit: Dinkel, gegrillter Radicchio, Zitrusfrüchte, Avocado und schwarzer Rettich 102
Pochierter Lachs mit Grapefruit-Couscous 162
Grüne Bohnen: Grüne Bohnen, Cashewkerne, Zitrone 38
Gegrillter Oktopus und Kartoffel-Bohnen-Salat 176
Gerösteter Blumenkohl, Oliven, Bohnen, Erbsen 56
Mit Miso und Kakao mariniertes Rindfleisch 224
Grüner Salat 27
Grünkohl: Brathähnchen, Kumquats, schwarzer Knoblauch 201
Grünkohl-Couscous mit eingelegter Zitrone 28
Lammlende, knuspriger Grünkohl, Aubergine 232
Gurke: Basmati-Safran-Reis mit Butternusskürbis, Tomate, Gurke 104
Lachs-Sashimi, Gurke, Tomate 152
Lammnacken, gebackenes Pitabrot, Feigen, Feta, Tomate, Gurke 235
Rohe Jakobsmuscheln mit Yambohne, Gurke, Radieschen, Seetang 197
Schweinshaxe nach Thai-Art mit Gurke, Papaya, geröstetem Reis 250

Hirse, Röstgemüse, Pietros Ei und Granatapfel 107
Huhn: Brathähnchen, Kumquats, schwarzer Knoblauch 201
Hähnchenlebern mit Quinoa, geröstetem Fenchel, Pilzpüree 206
Hähnchen mit Schinken, Melone, Blattspinat 202
Pochiertes Huhn, Grüneenudeln, gegrillter Baby-Mais 204

Jakobsmuscheln, roh, mit Yambohne, Gurke, Radieschen, Seetang 197

Kabeljau: Mit Kräutern gebackener Kabeljau, Blumenkohl, Zucchini, Dicke Bohnen 174
Kalbfleisch, pochiert, mit Sardellen-Aioli und Kartoffeln 230

Kalmare, gegrillt, und Paprika 179
Karotten: Bulgur, gegrillte Karotten, Brokkoli 98
Emmer, Kapern, gebackene Kräutertomaten, Röstkarotten 108
Gebackener Ricotta, Röstkarotten, Feigen 123
Gegrillte Karotten, Manchego, Orange 126
Hirse, Röstgemüse, Pietros Ei und Granatapfel 107
In der Salzkruste gebackene Karotten und Pastinaken 65
Kartoffeln: Baby-Kartoffeln mit Minze, Erbsen und Crème fraîche 30
Gegrillter Oktopus mit Kartoffel-Bohnen-Salat 176
Makrele nach Teriyaki-Art mit Queller, Kartoffeln und Orange 168
Patissonkürbis, Oliven und Röstkartoffeln, Pfifferlinge 60
Pochiertes Kalbfleisch mit Sardellen-Aioli und Kartoffeln 230
Würstchen mit Kartoffel, Fenchel, Brunnenkresse und Spiegelei 244
Kichererbsen: Gebratene lardons mit Süßkartoffeln, Kichererbsen, Stangenbohnen 243
Kichererbsen, Feta, pikante rote Zwiebeln 40
Kichererbsen, gegrillter Brokkoli und grüner Spargel 79
Kirschen, Kirschtomaten, Orange, Fenchel 68
Kohl: Confit von der Entenkeule, Steinpilze, Cavolo nero und Blauschimmelkäse 215
Knollensellerie, Satsuma, Birne, Fenchel und Rotkohl 53
Kohl, Apfel, Minze 36
Mit Roter Bete gebeizter Lachs, gegrillte Artischocken, Wirsing 158
Reh mit Kokos-Curry-Kürbis und Senf-Wirsingkohl 253
Kohlrabi: Salat in Weißtönen 26
Kohlrabi, Wassermelone, Tofu, Zuckerschoten 62
Kokosnuss, frische: Butternusskürbis mit Kokosnuss, Radicchio, Chicoree und Feta 112

Grüne Papaya, grüne Mango, Kokosnuss, Tofu 71
Kumquats: Brathähnchen, Kumquats, schwarzer Knoblauch 201
Kürbis: Backofenkürbis, Aubergine, Buchen- und Shiitakepilze 114
Basmati-Safran-Reis mit Butternusskürbis, Tomate, Gurke 104
Butternusskürbis mit Kokosnuss, Radicchio, Chicoree und Feta 112
Patissonkürbis, Oliven und Röstkartoffeln, Pfifferlinge 60
Perlhuhn mit geröstetem Gewürzkürbis 218
Reh mit Kokos-Curry-Kürbis und Senf-Wirsingkohl 253
Wurzelgemüse und Kürbis aus dem Backofen mit sahnigen Minzeerbsen 48

Lachs: Lachs-Sashimi, Gurke, Tomate 152
Kurz angebratener Lachs, Norisauce, knuspriger Buchweizen 155
Mit Roter Bete gebeizter Lachs, gegrillte Artischocken, Wirsing 158
Pochierter Lachs mit Grapefruit-Couscous 162
Lamm: Lammlende, knuspriger Grünkohl, Aubergine 232
Lammnacken, gebackenes Pitabrot, Feigen, Feta, Tomate, Gurke 235
Lammnierchen, geröstete Süßkartoffel, Orange und Trockenpflaumen 239
Lammrippchen mit Kardamom, Mango-Cashew-Reis 236
Lardons mit Süßkartoffeln, Kichererbsen, Stangenbohnen 243
Lauch in Vinaigrette 65
Linsen: Grüne Linsen, pochierte Birne, Maroni, Brokkoli 86
Puy-Linsen, Quinoa, mit Granatapfel geröstete Trauben und Tomaten 82
Venusmuscheln, Miesmuscheln, Puy-Linsen 190

Mais: Freekeh, mit Kreuzkümmel geröstete Artischocke, gegrillter Mais 92

Gegrillter Mais und grüner Spargel 135
Pochiertes Huhn, Grüneenudeln, gegrillter Baby-Mais 204
Wachtel mit frittiertem Ei und Mais 208
Makrele nach Teriyaki-Art mit Queller, Kartoffeln und Orange 168
Mandel-Pinienkern-Dukkah 134
Mandelkrokant, rauchiger 124
Mango: Grüne Papaya, grüne Mango, Kokosnuss, Tofu 71
Mango-Cashew-Reis 236
Panierter Camembert mit Apfel, Mango 130
Thunfisch mit Kokosnuss, Chili, Mango, Apfel 172
Mangold: Freekeh, Walnuss, Mangold, Pilze 97
Maroni: Grüne Linsen, pochierte Birne, Maroni, Brokkoli 86
Mascarpone: Kräutermascarpone 114
Tahini-Mascarpone 97
Mayonnaise 264
Chili-Mayonnaise 185
Kondensmilch-Wasabi-»Mayonnaise« 266
Räucherpaprika-Mayonnaise 239
Melone (s. auch Wassermelone): Hähnchen mit Schinken, Melone, Blattspinat 202
Mozzarella: Mozzarella und Artischocken mit Walnuss-Sauce 144
Mozzarella, Medjool-Datteln, Schmortomaten 132
Muscheln s. Venusmuscheln

Nashibirne, Radieschen, Ingwer 47
Norisauce 156
Nudeln: Mit Miso und Kakao mariniertes Rindfleisch 224
Pochiertes Huhn, Grüneenudeln, gegrillter Baby-Mais 204

Oktopus, gegrillt, und Kartoffel-Bohnen-Salat 176
Orange: Gegrillte Karotten, Manchego, Orange 126
Kirschen, Kirschtomaten, Orange, Fenchel 68
Lammnierchen, geröstete Süßkartoffel, Orange und Trockenpflaumen 239

Makrele nach Teriyaki-Art mit Queller, Kartoffeln und Orange 168
Orangen mit Pinienkernen und Schalotte 43
Wasabipilze, Blattspinat, Tomate, Orange 66

Papaya: Grüne Papaya, grüne Mango, Kokosnuss, Tofu 71
Schweinshaxe nach Thai-Art mit Gurke, Papaya, geröstetem Reis 250
Paprika: Carpaccio vom Rind 227
Gegrillte Kalmare und Paprika 179
Gegrillte Paprikaschoten mit Dill 34
Roter Salat 26
Pastinaken: Geröstete Pastinaken, Sellerie, rauchiges Apfelkompott, Halloumi 117
In der Salzkruste gebackene Karotten und Pastinaken 65
Wurzelgemüse und Kürbis aus dem Backofen mit sahnigen Minzeerbsen 48
Perlhuhn mit geröstetem Gewürzkürbis 218
Pesto, violettes 240
Pfirsiche: Jamón ibérico, Pfirsiche, Mozzarella 240
Pilze: Backofenkürbis, Aubergine, Buchen- und Shiitakepilze 114
Confit von der Entenkeule, Steinpilze, Cavolo nero und Blauschimmelkäse 215
Freekeh, Walnuss, Mangold, Pilze 97
Fregola, grüner Spargel, Shiitakepilze 89
Grüner Spargel, Mandeln, würzige Wachteleier 59
Hähnchenlebern mit Quinoa, geröstetem Fenchel, Pilzpüree 206
Patissonkürbis, Oliven und Röstkartoffeln, Pfifferlinge 60
Rumpsteak mit Schwarzwurzeln, Pfifferlingen und Edamame 222
Venusmuscheln, Miesmuscheln, Puy-Linsen 190
Wasabipilze, Blattspinat, Tomate, Orange 66

Queller: Makrele nach Teriyaki-Art mit Queller, Kartoffeln und Orange 168
Quinoa: Aubergine, Quinoa, Römersalat 75
Hähnchenlebern mit Quinoa, geröstetem Fenchel, Pilzpüree 206
Puy-Linsen, Quinoa, mit Granatapfel geröstete Trauben und Tomaten 82
Quinoa, Tofu, Shiitakepilze 76

Radicchio: Butternusskürbis mit Kokosnuss, Radicchio, Chicoree und Feta 112
Dinkel, gegrillter Radicchio, Zitrusfrüchte, Avocado und schwarzer Rettich 102
Roter Salat 26
Räuchermakrele mit Roter Bete, Ei, Apfel 167
Reh mit Kokos-Curry-Kürbis und Senf-Wirsingkohl 253
Reis: Basmati-Safran-Reis mit Butternusskürbis, Tomate, Gurke 104
Dampfgegarter Ingwer-Tempeh, Aubergine, schwarzer Reis 100
Mango-Cashew-Reis 236
Rettich: Dinkel, gegrillter Radicchio, Zitrusfrüchte, Avocado und schwarzer Rettich 102
Rindfleisch: Carpaccio vom Rind 227
Mit Miso und Kakao mariniertes Rindfleisch 224
Rumpsteak mit Schwarzwurzeln, Pfifferlingen und Edamame 222
Rote Bete (s. auch Gelbe Bete): Baby-Rote-Beten, Dicke Bohnen, Ziegenquark 118
Quinoa, Tofu, Shiitakepilze 76
Räuchermakrele mit Roter Bete, Ei, Apfel 167
Roter Salat 26
Roter Salat 26

Salat in Weißtönen 26
Schinken: Jamón ibérico, Pfirsiche, Mozzarella 240
Schwarzwurzeln: Rumpsteak mit Schwarzwurzeln, Pfifferlingen und Edamame 222

Schwein: Kotelett vom Schwein mit Wassermelone und Pomelo 249
Schweinshaxe nach Thai-Art mit Gurke, Papaya, geröstetem Reis 250
Sellerie: Knollensellerie, Satsuma, Birne, Fenchel und Rotkohl 53
Geröstete Pastinaken, Sellerie, rauchiges Apfelkompott, Halloumi 117
Salat in Weißtönen 26
Sesam-Erdnuss-Krokant 180
Spargel: Grüner Spargel, Mandeln, würzige Wachteleier 59
Fregola, grüner Spargel, Shiitakepilze 89
Grüner Salat 27
Gegrillter Mais und grüner Spargel 135
Kichererbsen, gegrillter Brokkoli und grüner Spargel 79
Spinat: Hähnchen mit Schinken, Melone, Blattspinat 202
Wasabipilze, Blattspinat, Tomate, Orange 66
Stangenbohnen: Gebratene lardons mit Süßkartoffeln, Kichererbsen, Stangenbohnen 243
Gegrillte Zucchini, Brokkolini, Stangenbohnen 141
Süßkartoffeln: Gebratene lardons mit Süßkartoffeln, Kichererbsen, Stangenbohnen 243
Lammnierchen, geröstete Süßkartoffel, Orange und Trockenpflaumen 239
Ofen-Süßkartoffeln, Zucchini, Birne mit Chilinote 50

Thunfisch mit Kokosnuss, Chili, Mango, Apfel 172
Tofu: Grüne Papaya, grüne Mango, Kokosnuss, Tofu 71
Kohlrabi, Wassermelone, Tofu, Zuckerschoten 62
Quinoa, Tofu, Shiitakepilze 76
Tomaten: Austern, geröstete Tomaten, Sellerie, Dashigelee 192
Burrata und Tomaten mit Mangodressing 138
Carpaccio vom Rind 227
Emmer, Kapern, gebackene Kräutertomaten, Röstkarotten 108
Kirschen, Kirschtomaten, Orange, Fenchel 68

Lachs-Sashimi, Gurke, Tomate 152
Lammnacken, gebackenes Pitabrot, Feigen, Feta, Tomate, Gurke 235
Mozzarella, Medjool-Datteln, Schmortomaten 132
Puy-Linsen, Quinoa, mit Granatapfel geröstete Trauben und Tomaten 82
Tomate, Brot, Sumach und Basilikum 33
Wasabipilze, Blattspinat, Tomate, Orange 66
Topinambur: Szechuanpfeffer-Garnelen mit geröstetem Miso-Topinambur 186
Trauben: Blauschimmelkäse, Walnüsse, Trauben, Cranberrys, Birne 129
Ente, Feigen, Walnüsse, Trauben 212
Puy-Linsen, Quinoa, mit Granatapfel geröstete Trauben und Tomaten 82
Salat in Weißtönen 26
Ziegenquark, Gelbe Bete, Trauben, pochierte Birne 120

Venusmuscheln, Miesmuscheln, Puy-Linsen 190

Wachtel mit frittiertem Ei und Mais 208
Walnüsse, kandiert 62
Wassermelone: Kohlrabi, Wassermelone, Tofu, Zuckerschoten 62
Kotelett vom Schwein mit Wassermelone und Pomelo 249
Wassermelone und Feta mit Sumach und Kapern 29
Würstchen mit Kartoffel, Fenchel, Brunnenkresse und Spiegelei 244

Zucchini: Gegrillte Zucchini, Brokkolini, Stangenbohnen 141
Mit Kräutern gebackener Kabeljau, Blumenkohl, Zucchini, Dicke Bohnen 174
Ofen-Süßkartoffeln, Zucchini, Birne mit Chilinote 50
Zuckerschoten: Kohlrabi, Wassermelone, Tofu, Zuckerschoten 62

Danksagung

Ähnlich wie ein Salat besteht auch dieses Buch aus einer Kombination so vieler verschiedener Komponenten und Menschen. Ein Dankeschön an Lorraine Martin, die dafür gesorgt hat, dass ich überhaupt »die Kurve gekriegt« habe, und an meine wunderbare Agentin Heather Holden Brown, die alles in trockene Tücher gebracht hat! Jacqui Small, Fritha Saunders, Emma Heyworth-Dunn und das JS-Team – vielen Dank für die fortwährende Unterstützung. Danke schön auch an Caz Hildebrand, Josh und Ashlea von Here Design dafür, dass sie die Bilder und Texte in so wunderschön kreativer Weise miteinander kombiniert haben, und für Caz' künstlerische Leitung. Die Fotografin Lisa Linder und ihre rechte Hand Dom verwandelten die Ideen in meinem Kopf und auf meinem Schneidbrett in geschmackvolle und appetitanregende Bilder, die wir mithilfe von Wei Tangs Platten, Tellern und Oberflächen gestalteten. Anne McDowall redigierte und optimierte, recherchierte und brachte den Text in Form. Die in London Fields ansässigen Geschäfte versorgten uns perfekt: Fin and Flounder (mein Fischhändler, was sonst …) und Hill & Szrok (Metzgermeister und Restaurant), wo ich mein Fleisch kaufe und zahlreiche Mahlzeiten mit Alex, Tom und Luca stattfanden. Stephane und sein Team bei L'eau à La Bouche verkaufen mir ausgezeichneten Käse, geräucherten Knoblauch und andere Delikatessen. Umut, der türkische Händler in meinem Viertel, versorgt mich mit ganz wunderbarem Saisongemüse, genau wie der Lieferant 2Serve, der frühmorgens meine Restaurants beliefert. Meine Londoner Restaurantteams unterstützten mich während der Zeit, in der ich an diesem Projekt arbeitete, und halfen mir auch oft beim Kochen für die Gerichte, die ich für die Fotoshootings benötigte: Lucy, Ben, Polly, Ollie, Paul, Matthew, Young Dave und Jon. Und Michael McGrath, Adam Wills, Peter Bezuijen, Rachel Cooper und Lisa Herriett, danke für eure Unterstützung!